The Clown, the Tears of the Circus

The 23 Legendary Directors in Film History

小丑，马戏团的眼泪

世界电影史23位传奇导演

陆支羽——著

江苏凤凰文艺出版社
JIANGSU PHOENIX LITERATURE AND ART PUBLISHING, LTD

目录

Contents

独家私人专访

私人推荐片单

序言

Preface

雾这么大，你要去哪里

谈论爱情时，常有人说，这个夜晚，我们可以做很多，也可以什么都不做。很多时候，我对电影的感觉，也同样如此。刚刚爱上电影的时候，我曾有过“伟大”的妄想，恨不得看尽世间所有电影，恨不得把每个导演毕生的作品都细细研究殆尽，恨不得召集全天下所有的影迷围成一圈促膝夜谈。或许，这便是我当初决意将自己的公众号定名为“看电影看到死”的重要原因，也算是对自己整个青春时代为电影迷狂的一场祭奠。

然而，越长大越觉得，电影变成了另外一种测不准的存在。印象中，文德斯在他的《公路之王》中说：“假如没有电影，会比有电影更好。”理解文德斯导演的影迷都心知肚明，他之所以会说出这样的话，绝非出于对电影恨之入骨，而是对电影太过执迷。看电影的时候，我们的视线掠过山丘、蹚过河流、落尽人群，看似历经万般神迹，最终却都逃不过生活本身。而我也从来都不信我们的生活会有什么拨云见日的真相，电影也注定无法带给我们这些。正如有人曾经问我，你觉得生活的本质是什么？

我说，生活的本质是“雾”。

看不清，摸不透，抓不着，但又确确实实存在。生活如此，电影作为生活的某种投射，同样如此。犹记得六年前，我读到祝凤鸣老师的一首诗，里面有一句“雾好大，像一堵墙”，曾给我带来很大的震撼。后来，与好友不流在“保罗的口袋”书店策划费里尼分享会，翻到《阿玛柯德》中有这么一句台词：“雾这么大，你要去哪里？”很长一段时间，这句台词伴随着我孤独远游，也成为我生命旅途中艰难寻找灯塔的状态写照。

事到如今，我的生活里没有雾，只有霾。在弗里茨·朗去世后，在费里尼去世后，在塔可夫斯基去世后，在安东尼奥尼去世后，甚至在安哲·罗普洛斯去世后，似乎再也没有哪个导演能把雾拍得更美了。而北京的霾，则活生生玷污了雾。

这本书中的大部分文章，都成文于雾霾暗涌的北京。对于我这样一个长居北京吸霾的南方人，很多故乡的朋友或许并不十分理解。但在我心目中，北京，并非一夜建成的梦想虚无之地。电影的手把我牵引到这里，就像马戏团牵引小丑。马戏团到哪里，小丑就义无反顾地跟到哪里。执迷一点说，北京之于我，就像罗马之于费里尼。即便终将一事无成，但我内心饱有满足。当然，冷酷的北京也从来不曾给过我任何故乡感。对于我这样自恃痴狂的影迷而言，真正的故乡恐怕依旧要像毛姆的“认故乡”一样指向电影的王国。

遗憾的是，北京的生活永远都那么沸反盈天，全然没有真正静谧的时刻。在这个电影大师们纷纷落幕的时代，我们依然庸庸碌碌地浸泡在电影的光束里，即便再也没有比过去更好的电影诞生，即便我们火热的心被一次次浇灭。

接天连月的电影节，几乎全年无休的首映礼，以及我们试图标榜档次的鲸鱼放映室。在这样的马不停蹄中，我也终究无法像隐士般活着，以至于在书写这些我心爱的导演时，往往也只能仓促成文。假如你还能从这些多少带着些许真诚的文字中认出我真实的模样，那请不妨原谅我这个尚且年轻的、沉不住气的、怀揣马戏团梦想的影迷。因为事到如今，除了继续奔向电影尽头，我别无他途。

遗憾的是，本书只收录了23位导演的吉光片羽，而值得书写的导演还有太多。所幸终究还是凑齐了“圣三位一体”的伯格曼、费里尼和塔可夫斯基；近两年去世的阿巴斯、松本俊夫、大岛渚等大师也都收录其中；还有电影史上极具个人风格的阿莫多瓦、法斯宾德、寺山修司、阿彼察邦，等等。当整本书的目录被打印出来的那一刻，我看着这些闪耀的大师们的名字，突然有些恍惚，他们每个人都足以被书写成厚厚的一本，而我却妄图将他们塞进同一本书中，或许只有我这种野蛮生长的影迷才会这么做吧。

而在“独家私人采访”部分，我特别挑选了三位当代中国青年导演的访谈，张大磊的《八月》、张涛的《喜丧》和马凯的《中邪》。或许会有人觉得，将身为后辈的他们与电影大师们置放于同一本书中，会有点违和。在此我想引用一句伯格曼《野草莓》中的经典台词："你们已功成名就，而我们的人生才刚刚开始。"即便如今已然不再是大师辈出的美好时代，但希望终归是有的，因为爱电影的人永远都生生不息。

本书中的不少文章曾经散落在各种报纸、杂志、网站上，相比于更面向自我的日常私语，这些文字显然要更通俗一些。但在整体增删、修改的过程中，我也注入了很多全新的思考。我相信，电影带给我的那些为灵魂造梦的动人时刻，从来都不曾丢失。非常感谢凤凰联动图书公司，感谢悉心筹谋、字斟句酌的王小马同学，感谢鲸鱼放映室小伙伴们的鼓励，感谢各路导演、作家、影评大咖们的支持！希望这本书是一个美好的开始！

2017年7月7日夜

写于飞往北京的9000米高空

23位导演的
吉光片羽

The 23 Legendary Directors
in Film History

伯格曼：
独乐乐不如众乐乐

英格玛·伯格曼（Ernst Ingmar Bergman），1918年7月14日出生于瑞典乌普萨拉，瑞典导演、编剧、制作人。
2007年7月30日，在法罗岛的家中于睡梦中安详地过世，享年89岁。

当伯格曼还是一个小男孩的时候，他肯定没想到，在他去世整整十年之后，会有一个远在遥远异国的影迷，为了纪念他的百年诞辰而写下这篇天真的文字。人们总是习惯性地认为，一本以死去的电影大师作为开篇的书注定是晦涩难懂的，很少有人真正意识到，伯格曼曾经也是小孩子，就像我们也曾有过蹒跚懵懂的童年。

2007年7月30日，伯格曼在法罗岛病逝，至此，世人公认的影坛“圣三位一体”（另两位是塔可夫斯基和费里尼）全部陨落。同一天，罹患失语症的安东尼奥尼也在罗马去世。两位电影大师的讣告传遍欧亚大陆，也给当年未满20岁的我留下了深刻印记。

而在伯格曼去世一个月前，华语影坛也已然失去了最会讲故事的导演杨德昌。一时之间，关于“电影已死”的说法此起彼伏。在黑暗中，对着电视屏幕，我看到伯格曼在法罗岛低调落葬，瑞典为他降下半旗；我看到文德斯在安东尼奥尼的灵柩上敲下最后一颗钉子。太多人悲叹，欧洲人文电影真的落幕了。然而，我对电影的热爱，却是从这一刻才真正开始。

在我的迷影记忆中，伯格曼是一个拥有深度童年阴影的电影大师。他怀疑上帝，却又无法否认上帝的存在，这种痛苦的矛盾伴随了他的一生。出身于路德宗传教士家庭的他，儿时经常跟着父亲去布道。很长一段时间，厄普兰地区的乡村教堂是他的秘密基地。

不同于那些在大自然中被“放养”的孩子，伯格曼的童年更像一场私密的室内剧。我们谁也无法知道，当伯格曼第一次走进教堂的时候，当他从父亲的素黑色长袍后探出眼睛的那一刻，究竟看到了怎样的景象，究竟思考了什么。我们只知道，伴随着痛苦的好奇心，他就像一个孤独的骑士开启了漫漫宗教之旅，甚至穷尽一生都在与上帝对抗。

伯格曼对电影的热爱，始于小剧场。伯格曼九岁的时候，曾经用他心爱的锡兵玩具换得了一台电池式摄影机，这是他童年的重要时刻，这台摄影机被称为他生命中的“魔灯”，也是他的电影梦真正的起点。从这台小小的摄影机中投射出的那束光，就像伯格曼眼中的秘密花园，不断地吸引着他去窥探更大的世界。

在伯格曼晚年的自传《魔灯》中，他袒露了太多从来不曾对外公开过的隐秘往事，包括他的情欲，他的病史，他的虚荣，他的政治不正确。可以说，这本成书于1987年的《魔灯》，就像伯格曼宣布息影后进行的一次伟大而痛苦的忏悔。然而，所有的一切，最终都将我们引向他孩提时的那套造梦玩具，引向他与电影之间的心灵故事。

九岁那年，深爱斯特林堡戏剧的年幼的伯格曼，便孤独地开始了他的光影探索。借助“魔灯”的力量，他用自己制作的场景、木偶与灯光自导自演，一步步从他的生命体验里牵出历史的幽灵、远古的骑士、神父的阴影与死亡的恐惧。假如有一天，伯格曼的一生被后辈拍成传记片，“魔灯”无疑是最好的片名。

伯格曼式充满宗教烙印的童年，我们终究不曾经历过，我也无法切身体味伯格曼的痛苦。在很多影迷的记忆中，与伯格曼的灵魂靠得最近的华语导演，或许是李安。早年，李安受伯格曼《处女泉》的启发走上艺术电影之路。按他的话说，当年看完《处女泉》就像被夺走了童真一样。而在拍《色·戒》拍得特别痛苦的2006年，李安飞去瑞典法罗岛拜见了伯格曼。或许是缘分使然，曾经拒绝过无数人（伍迪·艾伦、亚历山大·索科洛夫、拉斯·冯·提尔等）的伯格曼，却在玛丽妮露的劝说下答应了见面。自此，李安拥抱伯格曼痛哭的那一瞬间，成为了我们迷影生涯中的珍贵记忆。

尽管与宗教隔得很远，但死亡我是懂的。这两年，每次重看伯格曼的电影，我都会想起自己在外婆葬礼上“直面死亡”的那个瞬间。当母亲掀开灵幔，我终于得见外婆最后一面时，我忍不住伸手去触摸了外婆的额头。我试图感受她一点残余的体温，但沁入我掌心的却是彻骨的寒冷。我仿佛觉得，外婆的身体空了，灵魂不知道飘去了哪里。那一刻，我想起伯格曼电影里那些冰冷的尸体，想起幽灵马车，想起手持镰刀、收割灵魂的死神。

或许，正是因为命运中有太多痛苦的时刻，才促使伯格曼在1982年拍摄了以“小舞台，大世界”著称于世的《芬妮与亚历山大》。按伯格曼的话说，这是他毕生电影生涯的真正压轴之作，也是他终其一生无数次想拍，却又不知从何入手的家庭编年史。假如不是后来有人苦苦邀请，可能拍完《芬妮与亚历山大》后，伯格曼便会早早息影了，后来的《在小丑面前》《排演之后》《萨拉邦德》等影片也不会诞生。

在极具自传色彩的《芬妮与亚历山大》中，伯格曼将他充满阴影的童年生活、父母不圆满的婚姻，以及死亡事件带给他的恐惧，悉数道尽，彻底倾吐。印象中，世人常以“集大成之作”“返璞归真之作”来形容《芬妮与亚历山大》，但我深知，伯格曼更是想借这部电影告诉我们：独乐乐不如众乐乐。即便世事有再多艰辛困苦，终究还有一些真正甜蜜的时刻值得我们去铭记，比如全家人的烛光晚餐，比如母亲的爱。

纵观伯格曼漫长电影创作生涯中的代表作，我们固然忘不了《呼喊与细语》《野草莓》或者《芬妮与亚历山大》这样的重量级影史杰作，但注定绕不开的巅峰可能还是那部拍摄于1957年的《第七封印》。这是伯格曼电影在国内知名度最高、影响力最大的一部。而2017年也正好是《第七封印》上映60周年，重温这60年前的黑白光影，无疑是伯格曼影迷们要做的重要功课。

创作《第七封印》的那一年，或许是伯格曼一生中最接近希望的重要时刻。影片中的骑士布洛克，就像是伯格曼本人的化身。命运难逃的十字军东征，尸横遍野的欧洲大陆，将他所有的信仰消耗殆尽。对布洛克来说，信仰破灭是命途中注定要面对的劫难。布洛克在教堂

伯格曼《芬妮与亚历山大》剧照

告解，说为什么上帝只躲在无用的应许和看不见的神秘当中，为什么不以一种明确的方式现身，以面对面的方式说话呢，上帝似乎总是不动声色的沉默者或者不问世事的局外人。他如是说：“我不要信仰，我要知识；我不要猜测，我要事实。”

伯格曼穷其一生对上帝表现出的莫大怀疑，在《第七封印》中便已昭然若揭，并一如既往延续到他日后的几乎每一部作品中，包括之后的《野草莓》《犹在镜中》《秋日奏鸣曲》《呼喊与细语》，直至晚年的集大成之作《芬妮与亚历山大》，都逃不开上帝怀疑论这个信仰课题。

伯格曼始终相信，关于理性主义的怀疑，只有在那些流淌生命的活水里才能被真正释放。从这一点来看，《第七封印》可能是影史上最严肃、最人文的一部公路电影。布洛克一路游行，遇到了万分虔诚的上帝信徒——四处流浪的马戏团小丑约瑟夫、马利亚和迈克一家。从宗教层面来看，这或许正是对逃往埃及途中的约瑟夫、马利亚和耶稣一家的隐喻，暗示着上帝肉身的流亡。伯格曼以非常罕见的温情，展现了这一家人在颠沛流离中的喜怒哀乐，如诺亚方舟般闪现圣谕之光。

然而约瑟夫的欢乐和《第七封印》中的琼斯不太一样，不是贴近肉体的愉悦，而是依赖于灵魂的慰藉。正如那一刻，布洛克和约瑟夫一家坐在草地上吃午餐，他凝视着自己的手，感到灵魂里的恩典从来都不曾离开。他对马利亚说："我的手它还能动，我的血液在里面流淌，太阳还在头顶。你在微笑，迈克已经睡着了，约瑟夫弹着自己创作的赞美诗，这一刻我永远不能忘记。"

关于"第七封印"的渊源，最早出自《圣经·新约·启示录》，起初是指使徒约翰写给亚细亚七个教会的书信，约于公元95年自拔摩岛寄出。约翰在书信中描述了他所看到的书卷，书卷里记录了神为这世界准备的一切，然后用七个印把它们封住，以示书卷内容的重要性，"唯有羔羊（基督）配开书卷"。

每个封印的开启，都将出现非常奇异的超自然现象。第七封印，便是羊皮卷上七个印封中的第七个。"羔羊揭开第七印的时候，天上寂静约有二刻……天使拿着香炉，盛满了坛上的火，倒在地上，随有雷轰、大声、闪电、地震"。第七封印的揭开，标志着末日审判的开始，而伯格曼的这部电影表现的便是这场末日。基督徒认为，自省的力量来自神。审判，是神的事情。而伯格曼终究不相信。

伯格曼《第七封印》剧照

在我看来，《第七封印》当然不能仅仅被解读为伯格曼对于十字军东征的猛烈批判，他所营造的整个叙事时空，要远远超出我们所看到的生命表象。也正因此，我们才有幸得见骑士与死神席地而坐，在海边对弈的影史神迹时刻。按伯格曼的话说，这一幕的灵感来自里斯本教堂中的壁画《圣安东尼的诱惑》。死神对弈这一幕的重要性，足以与《处女泉》中的泉涌式结尾或者《野草莓》中的超现实梦境相媲美。纵观伯格曼的导演生涯，他创造了太多这样的神迹时刻。我认为，伯格曼电影的伟大之处正在于此。

回望60年前的这场生死对弈，其内涵其实早已超越了庸俗的死亡问题，死亡不过是对弈者约定俗成的条件。最重要的是，骑士布洛克利用这宝贵的对弈时间，得以真正思考生存的意义和人生的几大终极问题。我们所有人，都将跳着死亡的舞蹈，从新生的黎明走向黑暗的墓地。

尽管如此，伯格曼对上帝的怀疑从未停止。正如他在《第七封印》中所呼喊的：人为何不能杀死心中的上帝？这样的言语也曾出现在更纯粹探讨宗教的《冬日之光》中："上帝不说话，上帝从不说话；上帝从不说话，因为上帝不存在。"

借男主角托马斯之口，伯格曼道出了《监狱》在其创作生涯中的重要性。作为导演生涯的第六部长片，《监狱》对伯格曼的意义更在于，这是第一部真正由他全权负责剧本与拍摄的电影。正是从《监狱》开始，伯格曼真正摆脱了外在的束缚，转入内在的思考。

影片《监狱》以旷野远景开场，洪钟伴响，老教授踽踽独行，出没于荒烟弥漫之中。老教授走进马丁的摄影棚，里面人头攒动，马丁正伫立于摄影机后，而老教授则以魔鬼般的目光审视着他。继而在餐桌上，老教授向马丁提议，要拍一部描绘地狱的电影，并以魔鬼的宣言开场："我控制着世界，一切都不得改变。"

在这场戏中，伯格曼借教授之口，对原子弹造成的可怕的非人道主义伤害给予审判，也部分表达了人文主义者的反战情绪。然而，不同于塔可夫斯基的殚精竭虑，伯格曼的反战更在于为"怀疑上帝"提供一个借口，意即：连魔鬼都迫切反对的东西，上帝却堂而皇之地允许它的存在。

影片以类似插叙的方式安排了"戏中戏"，将托马斯的"分水岭"故事鸣奏为一曲漫长的间奏，贯穿全片。托马斯与妓女 Birgitta 的相遇，始于一场红灯区暗访。身为记者，托马斯着意调查斯德哥尔摩的夜生活，从而深入到 Birgitta 的生活中。Birgitta 被"谋杀"于童年，并最终死于十七岁，这般香消玉殒，又何尝不是新生与死亡的一次交汇？正如伯格曼所笃信的，妓女比任何出轨的女人都要纯洁。

影片中有一场极具伯格曼风格的戏。当托马斯与 Birgitta 进入伯琳夫人的那栋阁楼公寓时，整个世界的声音都变了，一切仿佛被罩上鬼影；伯琳夫人手提灯盏，像行走在风中，灯影幢幢，如真似幻。那陈列于阁楼内的动物蜡像，一座座静默于黑暗中，以各自独有的呼吸，注视着监狱内的悲剧。

除空间元素外，黑色电影还往往以"雾"为标志。伯格曼并非拍"雾"高手（真正把雾拍得炉火纯青的大师或许是弗里茨·朗，其作品《你只活一次》中的那一场雾，昭然揭示了人与人之间的不信任），但其影像中的薄雾，虽往往转瞬即逝，却足以蒙住人物的面部神情，将人性不可测量的神秘感隐于薄雾之后。

影片《监狱》上映后，伯格曼曾就"童年放映机"这一段落叙言："我在谷克多的《诗人之血》中发现一些意味深长之处和一些可怕的梦境场景。"然而，谷克多对囚室、镜子、雕像等意象的描摹，在伯格曼的镜头下，则多少隐去了一些符号意味，转而平添了几许诗意，比如其中对于儿时梦境、母性呼唤及死亡火焰的处理。

而《监狱》的高潮部分，同样始于那架"童年放映机"。这是影片中最欢快的永恒瞬间，老放映机播放出伯格曼拍的一段滑稽默片：睡眠者、小偷、警察、蜘蛛、骷髅和魔鬼。这一幕，不仅仅是托马斯与Birgitta的童年回忆，更是伯格曼对自己童年的又一次美妙投影。

一切回到最初。摄影棚内，钢琴声忽而舒缓，忽而紧绷。正如马丁所相信的，晚上的摄影棚足以神秘到让你相信鬼魂的存在。而作为魔鬼的老教授，尽管他诅咒过使用原子弹之人，但他的生活内核中

伯格曼《不良少女莫妮卡》剧照

看不见的原子弹式的恐惧，却远在他的视线之外。对他来说，生活是“一张连接摇篮和坟墓的残忍世俗的弓”，是莫大的人性的监狱。

这一刻，伯格曼开始质疑上帝。至于世人，倘若执意相信，那或许真会有上帝。但无论如何，电影终要落幕。摄影棚的顶灯被关闭，众人齐齐涌出，只有门洞外的一束光涌进棚内，笼住那架孤落的钢琴。终于，一切都结束了，唯有监狱外的那一圈栅栏，从未被撬开。

世人常常好奇，为何伯格曼的生命中经历了那么多女人，不少好事者认为，这是伯格曼“以导演之权，谋情欲之私”的结果。伯格曼85岁那年，他终于亲口承认，即便已经拍了一辈子电影，他依然逃不开孤独的旋涡。他唯有以不停恋爱的方式，去对抗内心深藏的孤独。终其一生，伯格曼一共结过五次婚，我们最熟悉的无疑是最后伴他终老的英格丽·冯·罗森。而伯格曼生命中最重要的几个女人，都来自他的电影。

1965年夏天，时年47岁的伯格曼，遇见比他小二十岁的丽芙·乌曼。那一年，伯格曼最神秘的电影《假面》诞生，而伯格曼与丽芙·乌曼也随之陷入情网。两个同样饱受童年阴影折磨的灵魂，以电影之名，互相舔舐伤口，即便没有婚姻之名，依然爱得无比深邃。

1953年，伯格曼已经拍出了日后引领好莱坞整个60年代的经典爱情片《夏日插曲》，以及初露意识流锋芒的群像之作《女人的期待》，而《不良少女莫妮卡》是他拍摄的第12部长片。这也是哈里特·安德森第一次出现在伯格曼的电影里，那年她21岁，青春美好，宛如晴空下的缪斯。

正是从《不良少女莫妮卡》开始，伯格曼开始了与哈里特·安德森长达多年的恋爱关系，两人合作了《小丑之夜》《恋爱课程》《夏夜的微笑》《犹在镜中》《这些女人》《呼喊与细语》等，其中不乏名垂影史的经典神作。

在本片中，伯格曼的惊人之语借莫妮卡之口道出："为什么有的人总是有好运气，而有的人却永远没有？"类似的话也曾出现在让-雅克·贝奈克斯的代表作《三十七度二》中，借歇斯底里的女主角贝蒂之口道出："生命总是在阻挡我，我若是要一件东西，它一定会拒绝。"无论莫妮卡还是贝蒂，都在此成为梦想家的悲剧载体，就像所有走失在现实迷雾中的羔羊，最终都拗不过普通人的宿命。

昔日深陷爱情泥淖的哈里并不知晓，莫妮卡离家出走并非单纯远游使然，而是因为无法忍受正常人的日常生活。于是，在他们看似激荡热烈的私奔之后，一切欢闹与自由终如微泛涟漪的湖面归于平静。可怕的是，他们结婚成家，还拥有了一个孩子。曾经最被莫妮卡憎恨的庸常生活，却如此毫无征兆地在她自己身上应验，就像很多人不可避免地成长为少年时最不想成为的大人。

回望莫妮卡与哈里两人驾艇畅游的桥段，是影片中最明亮鲜活的时刻，这是每一场私奔都曾拥有过的瞬间的欢愉。在荒无人烟的海滩边裸泳，在温暖的岩石上做爱，在野地里点火煮咖啡。这一刻，他们宛如伊甸园里的亚当与夏娃，尚不知偷尝禁果后的命运。他们以为的自由与梦想，终究无法靠离家出走来实现永恒。离家出走，充其量不过是一场挥霍时间的流浪与逃避。曾有人说，死掉才自由。而他们离死亡还很远。

这部电影就像一本"少女无计划手册"，漫无目的地恣肆生长，经历耳鬓厮磨的爱情，也注定逃不开阴晴冷暖。这是一场属于瑞典少女的放浪形骸，放浪之后，残留形骸。它是典型的现代悲剧，既探讨出走的伟大号令，又义无反顾地凝视出走以后的困境。就像黑童话对童话的反叛，抑或现代电影对大团圆结局的反叛。王子和公主并不可能永远幸福地在一起；两个人结婚以后的事情，也终将有人来告诉我们。

也正是从这部影片开始，伯格曼越来越精准地看清了人物与世界的关系，越来越看清了外部环境对人物心理流变的巨大影响。这是伯格曼处在艺术上升期的青春之作，它并不完美，却深刻有力，无疑是继《夏日插曲》之后的一次全新探索。青春可以通俗美好，也可以少儿不宜。

有人说，当年的这批伯格曼电影都在无形中带有一些道德意味，但又不似侯麦的“六个道德故事”那么清爽纯粹，总会在情节中挟藏一些惊人之语，将平凡引向深邃。换句话说，伯格曼日后的大师气象也正是借此慢慢锤炼而成的。

1997年，在戛纳国际电影节50周年之际，当年的评委会为表达对大师的敬意，特别设立了一个对电影创作者的最高礼遇大奖，名为“棕榈的棕榈”。这个让人可望而不可即的大奖的获得者，正是被世人尊为影史“圣三位一体”之一的英格玛·伯格曼大师。

这一年，带着《春光乍泄》入围戛纳电影节的王家卫导演，也共同见证了这个属于伯格曼大师的高光时刻。遗憾的是，众所期盼的伯格曼并没有出现，而王家卫却凭借《春光乍泄》赢得当年的最佳导演奖，成为首位获得这项殊荣的华人导演。或许，电影史就是这样薪火相传下去的，大师们曾经也是从新导演开始入行，而后辈们又是从拿奖开始成长。

尽管伯格曼自己未能抵达戛纳，但他的女儿替他朗读了他的一封信，言辞真挚恳切："我已经太老了，已不再拍电影，谢谢戛纳的这个奖，但它不属于我这样的老人。"随后，闭幕式的大屏幕上播放了一段伯格曼在法罗岛的短短的录像。悠远的夕阳之下，伯格曼面朝着辽阔的大海，背对着摄像机，也背对着观众。

或许，这正是伯格曼毕生创作所信奉的电影理想，他永远只为自己拍电影，遵循自己的内心，只进行最具作者化的表达，正如他一生都逃不开"怀疑上帝"的艺术宿命，他在法罗岛度过余生的这些年里，甚至不敢轻易重看自己的电影。他笃信：即便镜头捕捉到了一些真正的神迹时刻，但我们的躯体至死都将被困在孤岛。

虽然颇为遗憾，但戛纳组委会也非常尊崇伯格曼本人的意愿。这个"棕榈的棕榈"奖项，是为了奖励伯格曼一生在电影创作方面的伟大成就，但对于伯格曼而言，他其实早已不需要靠任何一座奖杯来为其增光添彩，在世俗的眼里，他本身早已成为一座丰碑，抑或一个影史传奇。

伯格曼《不良少女莫妮卡》剧照

阿巴斯：

大师的眼睛永远是睁开的

阿巴斯·基阿鲁斯达米（Abbas Kiarostami），1940年6月22日出生于德黑兰，导演、剧作家、制作人、剪辑师。2016年7月5日，阿巴斯因癌症在巴黎去世，享年76岁。

犹记得2015年，阿巴斯来北京的时候，我们刚刚过完国庆小长假。那天，北京的风很大，仿佛从梦里就听得到凛冽的风声。沉溺于懒觉中的我，遗憾地错过了人生中唯一一次见到阿巴斯的机会。

那天清晨在闹钟的催促声中狠狠裹紧被子的我，肯定不曾想到，这辈子再也没有机缘见到阿巴斯了。而在此之前，我还跟朋友开玩笑说，当今在世的电影导演中，有三位最爱戴墨镜，除了戈达尔和王家卫，就数阿巴斯最不装酷。而在电影大师马丁·斯科塞斯眼里，阿巴斯"是那种对这个世界拥有独特认知的少数艺术家"，他的眼睛永远是睁开的。

然而，最不装酷的阿巴斯猝不及防地撒手人寰，2016年7月5日凌晨，阿巴斯因癌症在巴黎去世，享年76岁。之前，这位被誉为世上最德高望重的伊朗电影大师，就像扎根于伊朗高原上的老树，供后辈电影人乘凉倚靠。最终，孤独的老树悄然倒下，空余漫漫荒原，人们不免悲叹：伊朗电影将何去何从？

回望伊朗电影最荣耀的1997年，阿巴斯凭借《樱桃的滋味》荣获第50届戛纳电影节金棕榈大奖，与日本导演今村昌平的《鳗鱼》并列共享这份荣誉。阿巴斯在这部电影中深刻探讨了自由与禁锢、生存与死亡的终极命题，而那个曾经备受争议的“间离”式结尾也早已成为影史伟大结尾之一。

我至今仍记忆犹新的是，影片中的男主角巴迪与一位阿富汗守卫之间发人深省的对话。他们站定在一栋种有绿植的木梯小楼前，巴迪感叹：“真是个好地方。”守卫说：“好吗？除了泥土和灰尘，什么都没有。”巴迪反驳道：“你不认为泥土是好东西吗？泥土把所有的美好事物都赐予了我们。”守卫默然：“照你这么说，所有美好的事物也都要归于尘土。”

在这段关于“尘埃里也能开出花来”的对话中，阿巴斯非常巧妙地融入了他对生死的变相思考。正如《樱桃的滋味》片名的寓意，樱桃好吃树难栽，旱涝都无法成活，只有精心培育才能结出美味的果实。我们的人生同样需要坚定的心，正如阿巴斯所言：“尽管我们是悲观主义者，但是活着不能没有希望。”

阿巴斯最负盛名的代表作当属伊朗“村庄三部曲”，即《何处是我朋友的家》《生生长流》和《橄榄树下的情人》。而拍摄于1990年的打破虚实界限的纪录电影《特写》，是阿巴斯个人最爱的作品，也被许多影迷誉为“最伟大的伊朗电影”，堪称拍出了真正属于“灵魂的煎熬”。

阿巴斯的猝然去世，使其未完成的新片《杭州之恋》无缘与大众见面。这不免让人想起当年的希腊电影大师安哲，因车祸死在去片场的路上。这都是近几年的影史憾事，唏嘘叹惋之余，我也常常会自私地想，但愿永远没有后辈电影人来“染指”大师们这些未竟的遗作，未完成的恐怕才是最好的。

阿巴斯去世前，很多影迷并不十分理解他为何来中国拍电影。这份不理解，我也曾感同身受，因为在中国这片每年滋生无数烂片的所谓“接地气”的土壤上，阿巴斯很有可能被迫“晚节不保”。然而，正如伍迪·艾伦拍巴塞罗那、拍巴黎、拍罗马一样，或许阿巴斯也是饱藏着真诚的好奇心，试图寻找新的边界，铭记属于异国的片刻欢愉。

假如你看过阿巴斯导演的最后两部剧情长片，也许你就会明白，这部暂定名《杭州之恋》的未完成电影，更多的是阿巴斯对伊朗外部疆域的又一次全新探索，也是对他此前在托斯卡纳拍摄的《原样复制》、在东京拍摄的《如沐爱河》的风格延续。假如阿巴斯还健在，他在拍完托斯卡纳、东京和杭州之后，是否还会瞄准其他城市呢？还真说不定。假如这个关于“伊朗留学生在杭州的爱情故事”真的顺利拍完，又会是怎样一番动人的光景？

所幸，阿巴斯向来认为他的电影都是“半生产”作品，需要观众来共同完成，根据不同观众的个人体验，常常能创造出比电影本身更多、更好的美妙想象空间。正如他曾引用的戈达尔的话：“现实是一部没有拍好的电影。”而戈达尔对阿巴斯的评价也同样振聋发聩：“电影始于格里菲斯，止于阿巴斯。”

说到伊朗电影复兴的最大功臣，阿巴斯无疑是当仁不让的灵魂人物。难得的是，他的电影灵魂绝不仅仅局限于伊朗，从一开始就极具世界性。阿巴斯的电影创作生涯始于1970年，他的短片处女作《面包与小巷》便是关于儿童题材，小孩子与流浪狗的对峙与和解，充满天真质朴的童趣。在此之后，阿巴斯又接连拍了《课间休息》《经验》《过客》等数部儿童短片，其中《过客》中对于小主角内心世界的刻画令人印象至深。

回顾阿巴斯早期的电影作品，几乎都逃不开对儿童精神世界的寻求与探索。1989年的《家庭作业》，1991年的《生生长流》，以及由他编剧的《白气球》《钥匙》《让风带着我起飞》等，总能在以小见大的叙事中发现生命的美好。诞生于1995年的伊朗儿童电影《白气球》，也是伴随我长大的重要烙印之一。印象中，国内青年导演李睿珺后来在拍《家在水草丰茂的地方》时，就曾有意致敬了“白气球”这个重要意象。

在《白气球》中，我看到耍蛇老头、金鱼老板、倔裁缝、年轻士兵、骑自行车的男孩，以及他们善良温厚的内心。而对于裹白头巾的伊朗小女孩来说，那些在大人们眼里微不足道的小事，对小孩子却非常重要。

阿巴斯另一部关注教育体制的《家庭作业》同样探讨了这个问题，大人们自以为多么不值一提的事情，却其实悄然毁灭着孩子的一生。

为什么阿巴斯要着力开拓伊朗儿童电影的疆土？其中一方面，与他当时在伊朗青幼年智力发展机构工作有关；另一方面，也逃不开伊朗政教合一背景下严格的电影审查制度。直到1987年，阿巴斯拍出了伊朗影史上最重要的一部儿童电影《何处是我朋友的家》，并荣获当年第42届戛纳电影节艺术电影奖。孩童纯真的情感，简单质朴的故事，温暖动人的构图，以及对小主角们人道主义式的关爱，使孩童世界第一次如此引人注目地展现在成人面前。从此，阿巴斯成功把伊朗儿童电影带向了全世界。

与许多伟大的艺术家一样，阿巴斯同样兼具多重身份，除了电影导演外，他还是极具造诣的诗人、画家和摄影师。他在他的诗句中这样形容自己："至今多年/我都似/稻叶的刃/悬在四季间。"这番意境宛如《随风而逝》中那片漫无边际的麦田。他曾说，自己并不是真正意义上的画家或摄影师，而只是"想以某种方式让那些热情或者痛苦的时刻变成永恒"。

在拍摄《橄榄树下的情人》时，阿巴斯真正感受到了电影的魔力。当掠过伊朗高原的风吹拂大片麦田时，阿巴斯用摄像机镜头捕捉到了这股力量。在他看来，面对画布时，他往往无法表现出麦田的风往哪个方向吹，可是这在电影中就容易多了。

1990年伊朗大地震后，阿巴斯将这份力量投注到一场世界性的寻找中。根据寻找《何处是我朋友的家》中小主角的漫漫旅程，阿巴斯拍出了无比动人心魄的《生生长流》。静默远观的长镜头轻轻掠过无助的人群，在地震废墟中升腾出一座独属于伊朗人民的精神家园。山风流淌而过，死者往矣，生者陆续前行。

拍于1999年的《随风而逝》同样如此，捕风捉影背后关于生命的质问，总会在片刻犹疑之后最终尘埃落定，也只有风继续流淌不息。与1997年《樱桃的滋味》所探寻的死亡主题一样，《随风而逝》中那具在山顶上挖出的人骨，就像是对两年前那场自我埋葬的唏嘘反馈。关于死亡，恐怕阿巴斯比任何人都想得释然。也只有在面对大地震时，他才会说出这样的话：活着的人最怕什么？最怕闭上眼睛后再也无法醒来。

阿巴斯电影中也常常出现标志性的道路长镜头，主角们蝼蚁般爬行在蜿蜒曲折的路途中，周围是大面积的荒野或麦田，如《生生长流》中的高原凝视，如《随风而逝》中的麦田结尾，如《何处是我朋友的家》中小男孩阿默德奔跑过的山丘。而这些镜头中曲折的道路，仿佛保持了生活原生态的面貌。

阿巴斯曾说，在他长达近半个世纪的观影生涯中，其实从来没有看到过任何一部所谓的“真实电影”。在阿巴斯眼中，电影院就像一个地球村，抛开语言的壁垒，镜头语言本身便是全世界共通的存在。他说，相比布列松和德莱叶的电影，他还是更爱伊朗著名导演苏赫拉比·沙希德·萨尔德的作品，他永远无法忘记电影《简单的事件》里那个喝百事可乐、逛服装店的孩子。

而阿巴斯自己的电影，即使拍的是伊朗的乡野，也都充分展现了麦克鲁汉“地球村”的概念，以及世界大融合背景下不可避免的疏离、隔绝、免疫。想必，这也是阿巴斯走出伊朗拍电影的原因。托斯卡纳之于《原样复制》，东京之于《如沐爱河》，杭州之于《杭州之恋》，无疑都背负着阿巴斯对“地球村”的探索诉求。

至于对电影院本身以及电影本质的探寻，阿巴斯早在2008年的《希林公主》中就将其表现得淋漓尽致。这是一部将视线脱离开银幕、转而把镜头对准观众本身的实验长片，就像一堂“阿巴斯情绪特写下

阿巴斯《随风而逝》剧照

阿巴斯《随风而逝》剧照

的听力课”。有人说，这是阿巴斯对前辈大师伯格曼《魔笛》的一次致敬。正如阿巴斯告诉我们的，不一定有画面的故事才叫电影，听觉的盛宴，也是一种电影。而镜头下那些女演员欢笑或流泪的瞳孔，又何尝不是一座座微型的电影院呢？

不通过虚构，或许我们永远无法接近某种真实。谁也不能告诉我，男主角巴迪在《樱桃的滋味》结尾处是否真的已经死去，即便有人给出千真万确的答案，我也终归不会轻易相信。那一刻，通过巴迪的眼睛，我看到参观博物馆的孩子们成群涌过镜头，飞机掠过天空拉出一道白烟，月亮在低沉飘浮的乌云间来回穿梭，继而电闪雷鸣、暴雨倾盆。随后，眼前变得一片漆黑，直到整个世界被摄影机运转的白昼点亮。阿巴斯扮演上帝，亲自出现在《樱桃的滋味》片场，摄影师和录音师各自忙碌着，远处是士兵们演习的呐喊声。那还是年代久远的1997年，距离阿巴斯真正去世还有将近20年。

那枚小小的樱桃是否拯救了一颗自杀的心，我并不关切。我只想知道，那个看似狡猾却无比真诚的阿巴斯，之所以找一个如此像他自己的演员来演男主角，是否是对自己未来葬礼的一场预演？我始终觉得，他是用拍电影的方式导演了自己的死亡。而在我心里，即使他真的已经死去，他的电影也永远都不会死，因为大师的眼睛永远是睁开的。

松本俊夫：

眩晕，从自戳双目开始

松本俊夫（Toshio Matsumoto），1932年3月25日生于日本，为日本60年代独立电影三大支柱之一，日本著名的“影像艺术与科学”社团的社长，曾任日本大学艺术系教授。
2017年4月12日，因病去世，享年85岁。

自1988年拍完《脑髓地狱》之后，松本俊夫已经整整30年没有拍长片了。直到他2017年4月因病去世，留给后世的仅有区区四部电影长片。这位谜一样的特立独行的导演，曾经以“日本新浪潮旗帜性人物”之名伫立于世，却将他的整个后半生彻底抛掷进电影教学之中。有很长一段时间，松本俊夫都在日本大学担任艺术系教授，更沉下心书写了《映像的发现》《逸脱的映像》《幻象的美学》等电影研究专著。

这样的人生轨迹，让我忍不住想起匈牙利电影大师贝拉·塔尔，6年前拍完《都灵之马》后的他，同样选择了默默隐退，只甩给追随者“最后一位电影大师”的美名来瞻仰。巧合的是，松本俊夫与贝拉·塔尔决定放下导筒的那一年，同样都是56岁。这个细节性的偶然，似乎印证了我蓄谋已久的一个“玩笑”：假如56岁被当作导演们电影生涯的分水岭，继续保持创作的导演很可能遭遇漫长的瓶颈期，按贝拉·塔尔的话说，便是重复自己。

当然，也有不少类似哈内克这样67岁、70岁连拿两次金棕榈奖的例外，对他们而言，56岁退休终究还是太草率，因为还有很长的路可以走。然而，不同的灵魂有不同的命运。对松本俊夫而言，无论是为日本新浪潮运动奔走相告、探索实验短片的作者性边界，还是书写事无巨细的电影专著，恐怕都算得上是一种行之有效的表达自我思想的手段，并非只有靠拍电影才能完成。正如贝拉·塔尔坦言他不再拍电影的理由，是因为他想表达的东西“都已经说完了”。

在这个世界上，仅凭一部电影便能名垂影史的导演少之又少。苏联的帕拉杰诺夫之于《石榴的颜色》自然可以算一个，松本俊夫之于《蔷薇的葬礼》同样不容忽视。这部日本新浪潮当仁不让的先声之作，同时也是让无数电影人为之目眩神迷的知名独立影像。

电影《蔷薇的葬礼》诞生于1969年。那一年，二战阵痛后的学运高潮包裹了38岁的松本俊夫。在那个众所迷恋约翰·列侬和切·格瓦拉的时代，松本扛起摄像机，逆行于人流，不经意地捕捉到一个少年，他就像一束野蔷薇，孤立于人群之外，直面黑色的俄狄浦斯式葬礼。那一刻，影史被瞬间定格。那个少年，便是Peter，日文名池畑慎之介，《蔷薇的葬礼》的男主角，妖冶而张扬，执拗而敏感。

这是松本俊夫替ATG电影公司拍摄的首部电影长片，除了日后被评论界定义为日本新浪潮运动的发轫之作，其真正震慑世人的噱头更在于，它还是开启日本同性恋及异装癖文化的第一部经典电影力作。

松本俊夫《蔷薇的葬礼》海报

这样的震慑力，在松本俊夫后来的电影创作中再也不曾产生，无论是拍摄于20世纪70年代的《修罗》和《十六岁的战争》，还是拍摄于80年代的《脑髓地狱》，终究都敌不过1969年的光芒。

在我冥冥的猜想中，松本俊夫之所以拍《蔷薇的葬礼》，很可能是受到意大利导演帕索里尼拍摄于1967年的《俄狄浦斯王》的感召。这个猜想起源于松本俊夫生前对帕索里尼的深度推崇。他在将戈达尔的解构艺术引进日本的同时，也曾亲自引进过帕索里尼的影像美学与符号学。而帕氏的《俄狄浦斯王》正好诞生在《蔷薇的葬礼》之前。

在《俄狄浦斯王》中，帕索里尼对原始文本的改编着力于一种“优雅的愤怒”，表面上看依然是传统母题的古典式呈现，本质上却是有意刺探当下社会。相比之下，松本俊夫的改编看上去与古典绝缘，更类似于芬兰导演考里斯马基的现代版《哈姆雷特》（又名《王子复仇新记》）。但无论是松本俊夫还是考里斯马基，他们其实都像帕索里尼一样，将愤怒的矛头指向了当下。由此再看《蔷薇的葬礼》，我才恍然惊觉，松本俊夫似乎是穿着“新浪潮”的马甲在重构一个既永恒又现世的神话故事。

从松本俊夫的创作履历来看，他最初曾经受过教导电影的传统驯化，继而才渐渐独立于纪录片领域，并开始真正探索纪录再现与前

松本俊夫《蔷薇的葬礼》剧照

卫艺术的交合。但不可否认的是，松本俊夫的艺术灵性也是与生俱来的。他天性热衷绘画及装置艺术，被迫学医却因此着迷于人脑构造和精神分析，直至弃医从文，又旋即被先锋的电影艺术所召唤。

拍摄于1955年的处女短片《银戒指》（与配乐大师武满彻合作，可惜拷贝遗失），便早早被烙上“实验精神”的标签。1968年拍完纪录短片《妈妈》后，松本俊夫终于按捺不住浪潮喷涌的热情，拿出积蓄已久的电影剧本，开始了一场历史性的导演征程。

这便是《蔷薇的葬礼》的诞生伊始。那一年，法国正经历“五月风暴”，美国正经历越战，中国正经历“文革”，整个世界似乎都乱糟糟的。那一年，大岛渚导演以1000万日元的成本拍成《绞死刑》，松本俊夫同样沿用了这个低成本的先例，由 ATG 公司和松本制作各出资500万日元，并确定于一个月内完成了所有拍摄。

在世人看来，《蔷薇的葬礼》的诞生，就像一场艺术家的赌注。这部同样改编自《俄狄浦斯王》的电影，讲述了一出现代版的索福克勒斯悲剧。影片中的新宿少年 Eddie 总是身着奇装异服，频频出入同性恋酒吧，如同一朵绽开在暗夜的野蔷薇。借助与夜总会老板权田的情人关系，Eddie顺利地从头牌招待升任为夜总会Madam。而在此前，前一任 Madam 刚刚于生日当天自杀，带着对权田喜新厌旧的忌恨，以及对Eddie夺人所爱的诅咒。

然而，更大的诅咒却始于 Eddie 童年的一个烟洞。那张全家福上被烟头烫穿的父亲的脸，就像从小在 Eddie 心口剜去的一个窟窿，昭示着父位缺席的单亲家庭的宿命，也见证着 Eddie 母亲对丈夫出走的憎恨。而从俄狄浦斯“弑父娶母”的命数来看，这个童年的烟洞，正是将 Eddie 一步步引向悲剧深渊的可怕起源。直到某天，老板权田从搬家行李中翻出Eddie儿时的照片，它被夹藏于作家菊地宽的书页中，书名为《父亲的回归》。那一刻，权田才愕然发现 Eddie 便是他失散多年的儿子。这一刻，父子乱伦的真相才终于昭然若揭。

显而易见，松本俊夫并没有赋予男主角 Eddie 任何虚假的纯真和善良。在他眼里，当时的日本社会就像一个人与人之间相互撕咬的修罗场，这在他两年后的电影长片《修罗》中同样可见一斑。以修罗之名，暴露人性内部的恶鬼，或许才是松本俊夫真正感兴趣的命题。

松本俊夫借用一系列跳切、闪回等戈达尔式的新浪潮技法，非常支离破碎地呈现了 Eddie 的过去与现在，如同用镜像的碎片拼贴残缺的灵魂。原来，在外人眼里狂放不羁、桀骜难驯的 Eddie，也有如此脆弱无助的一面。面对大街上轰轰烈烈的日本学潮，Eddie 就像《戏梦巴黎》中闭门造“梦”的主人公一样茫然无措。对松本俊夫而言，这样的茫然，或许也是他自身对于战后日本人心惶惶的情感投射。

有人说，松本俊夫的真正宝藏，并不存在于他极其有限的长片中，而在他倾尽后半生潜心钻研的实验短片中。我并不曾探究过松本俊夫在20世纪70年代后开始专注于制作鲜有人问津的实验短片的真正原因，或许就像大卫·林奇迷上冥想一样，是个预料之中的难解之谜；又或许，松本俊夫是看透了电影名利场的世俗本质，他想远离这种时代性的喧哗与骚动，将更多的精力投注到更永恒的影像艺术本体的深度探索中。终其一生，尽管他只拍摄了四部长片，但却为后世留下了数量丰饶、观念崭新的作者性实验短片，比如《新陈代谢》《色即是空》《阿特曼》《幻影》《谜》《记忆痕迹》等等。

也正因此，他一度被认为是日本实验电影作家第一人。然而，他被世人提到最多的电影依然是《蔷薇的葬礼》，他一生拍摄了无数实验短片，留给长片的造梦时刻却屈指可数。他将最完美且最具历史性的一瞬，献给了《蔷薇的葬礼》。而我也同样无法免俗，更毫无斗志去解读他那些高深莫测的实验短片。或许等我彻底厌烦电影的那一天，我会尝试着去进入那些纯粹的影像世界。

1969年，松本俊夫为《蔷薇的葬礼》安排了一幕如恶之花绽放般妖冶而痛苦的结尾。当可怜的Eddie在得见父亲权田自刎之后，也顺势拿起刀刺入了自己的双眼。视觉消失的那一瞬间，仿佛整个世界的阵痛都被灌注到他的体内。Eddie惶惶夺门而出，眼前一片混沌，他只能用灵魂行走。人群如潮般围拢，继而又作鸟兽散。

在这庸庸碌碌的世上，一朵自戕的蔷薇到底是不值得同情的，剩下的只是世人冷漠作祟的猎奇心。出生之日，毁灭与消亡也随之诞生。这便是那个时代仓皇不堪的命运，仿佛镜头所及处的那一片残破的墓园，一点点沉入东瀛大地。而倘若沉没真的从日本开始，那整个世界的沉没还会远吗？我们常说日本是岛国，世界又何尝不是一个更为巨大的岛屿？

借《蔷薇的葬礼》这枚狂放自由的风向标，松本俊夫完整地开拓了新浪潮不按常理出牌的狂放格调。他坚定地遵循着自我内心的艺术欲求，对传统的经典时间价值谱系进行了革命性的颠覆。影片中，松本俊夫大量使用插叙、跳切、反白、闪回，刻意模糊剧情与纪录的暧昧界限，恣意散漫地在叙事中穿插人物访谈。其间充满的喜感的快进镜头，以及古典名曲的怪诞变奏，更一度被评论界"指认"为影响了当年41岁的库布里克，据说《发条橙》也直接受到了片中诸多性与暴力场景的影响。

除了一系列形式上的新浪潮革命，松本俊夫在影片内容的展现上更是赚足了噱头。同性恋与异装癖元素的银幕处女秀，父子乱伦与弑母的反经典命题，各种毒品派对、摇滚狂欢、易装聚会，赤裸裸的性与暴力，以及始终贯穿其间的日本"六九学运"。如此大胆的狂欢，在松本俊夫日后的电影中再也没有出现过，20世纪80年代那部改编自梦野久作推理奇书的《脑髓地狱》，也终因拍得过于束手束脚而无法被更多人记住。

对于幼年即经历日本战败的松本俊夫而言，他一定深知顽抗与诋毁的干系，正如大岛渚借《日本夜与雾》所表现的人性惨烈一样。然而，遵循内心的执念与真相永远比沉默地苟活于世更有价值。松本俊夫的矛头已然象征性地指向了更远的某处。

拍摄《蔷薇的葬礼》这一年，日本电影业正面临着巨大的危机，山田洋次开始拍摄“寅次郎”系列以求挽救举步维艰的电影市场。唯松本俊夫依然固守着《电影批评》杂志的先锋阵地，联名大岛渚、寺山修司、若松孝二、筱田正浩等人，继续推动着日本新浪潮运动。

也正是这一年，大岛渚拍出了《少年》，若松拍出了《花俏处女》，寺山开始筹备《抛掉书本上街去》，而松本俊夫则凭借《蔷薇的葬礼》掀起惊世骇俗的一波浪潮，至今余威犹在。

时过境迁，再回望松本俊夫初识 Peter（池畑慎之介）的那家六本木酒吧，我们难免唏嘘慨叹。那时，松本俊夫正为选角儿之难而苦恼，近百名候选者中却无从挑出一个 Eddie，直到作家水上勉邀请他去了六本木酒吧。谁也无从知晓松本俊夫初见 Peter 时的心境，按他自己的话说：“Peter 真的让人有眼前一亮的感觉。”

那还是电影筹拍之初的1968年，Peter 刚满16岁。如今，他早已年至花甲。至于松本俊夫，更已然告别了这个并不安静的世界。正如后人所言，松本俊夫对于Peter的意义，一如维斯康蒂之于伯恩·安德森。自《蔷薇的葬礼》红彻日本影坛后，Peter便展开歌影双栖的演艺生涯，并一度被冠以“美少年彼得潘”之名。直到1985年出演黑泽明导演的名作《乱》，更而声名远播。但时至今日，他最具知名度的演出代表作依然是《蔷薇的葬礼》。

时至今日，我依然会不断回想起影片中那一群真实的同性恋演员，包括Peter在内。按他们的话说，同性恋是命。一如Eddie直言“死亡亦是命”。那一刻，边缘族群的困境被一层层剥开，经济高速运转下的虚无本质裸露在阳光之下。回想 Eddie 童年全家福上的那个可怕的烟洞，潜藏其后的是躯体的溃烂与思想的真空。而 Eddie 不顾一切的自毁性的抗争方式，则足以令所有规制伦理纲常的道学家们无从辩白。

在这样一部真实而骇人的电影里，纵使跑龙套的有蜷川幸雄、筱田正浩、藤田敏八这样的大牌艺术家，但他们的光芒也终究盖不过这群活生生的抗争者。片中松本俊夫坚持使用现实中真实的同性恋者来主演《蔷薇的葬礼》，有人曾经问松本俊夫，为什么对此这么较真？松本俊夫回答说，假如不较真，就失去了批判的意义。正如松本俊夫在影片开场处为这个边缘族群做出的定义：“我是剑，也被剑气所伤；我是刽子手，也是受害者。”

犹记得影片中有一幕场景，他们在地下俱乐部偷偷看学潮纪录片，对着扭曲摇晃的画面狂笑不止。这一幕神似贝托鲁奇的《戏梦巴黎》，毫不关心政治的艺术家们永远都是政治的局外人，他们只迷失在自己恶心的眩晕里，而永远不可能融入进迷狂的学运人潮中。至于同性恋群体，也将永远只可能是少数派，一如艺术家。

松本俊夫《脑髓地狱》剧照

阿莫多瓦：

万花筒里的欲望迷宫

佩德罗·阿莫多瓦（Pedro Almodovar），1949年9月24日出生于西班牙，导演、编剧、制作人。
2017年，阿莫多瓦担任第70届戛纳国际电影节主竞赛单元的评委会主席。

阿莫多瓦有一张彩色的脸。而说起脸，我最想念的并非他的《吾栖之肤》，而是那幅出现在《关于我母亲的一切》中的巨大的广告牌。当丝莉亚·洛芙饰演的女主角在马德里街头茫然四顾的那一刻，出现在她背后的那张占据整面墙体的巨大而模糊的"脸"，时隔多年回想起来依然是鲜活如最初的模样。在我心目中，阿莫多瓦的这一幕经典场景，无疑是对伯格曼半世纪前的杰作《假面》的最佳致敬。

2016年初，我跟几个朋友去西班牙旅行的时候，还特意跑到马德里的中心商业大道Gran Via上去寻找阿莫多瓦电影曾经的取景地。沿着霓虹闪烁的马德里商业街，我迷失在流光溢彩的电子广告牌的海洋中，时装、皮具、风衣、手表、高跟鞋，车来人往的南欧风情，所有的一切都来不及闪躲。对有钱人而言，这里是欧洲奢侈品的天堂；对影迷们而言，则仿佛置身于阿莫多瓦的电影片场，色彩瑰丽，宛如梦境。

曾在马德里留学的阿暖给我推荐了几处阿莫多瓦电影的取景地。比如，埃尔拉斯特罗区的露天集市，阿莫多瓦曾在这里拍摄《激情迷宫》；阿尔穆德纳公墓，则是《回归》的重要外景地之一；还有《我的神秘之花》中的马约尔广场、《活色生香》中的阿尔卡拉门等。阿莫多瓦几乎恨不得把整座马德里都拍进他的电影中。

那天，马德里突然开始下雨。在朦胧的雨雾中，我看到满大街悄然浮动起五颜六色的伞，仿佛悲伤的丝莉亚·洛芙也走在人群中，雨水混着眼泪。那一刻，我恍然觉得，根本不必刻意寻找任何电影取景地，这里随处都萦绕着关于阿莫多瓦的一切。

阿莫多瓦与戛纳电影节的缘分始于1999年。那一年，大卫·柯南伯格领衔的评委会将最佳导演奖颁给了阿莫多瓦的《关于我母亲的一切》。时隔18年，阿莫多瓦早已凭借一系列色彩斑斓的杰作闻名于世，而他对西班牙女性群像充满生命力的刻画，也早已使他建立起“女性的导演”这一重要身份。时年68岁的他，受邀担任2017年戛纳“七十大寿”评委会主席，无疑是众望所归。在本届戛纳主竞赛单元的参选影片中，阿莫多瓦最爱的一部是关于抗艾运动的LGBT电影《每分钟120击》，尽管最终的金棕榈大奖被“民主”地抛给了瑞典电影《自由广场》，但我们心知肚明，阿莫多瓦更能从《每分钟120击》中寻觅到也曾属于他的年轻时代。

凭借着极具风格化的叙事水准和高饱和度的艺术把控，阿莫多瓦一度被业界认为是“当今影坛最会讲故事的导演”。作为深谙波普艺术与地中海文明的西班牙导演，阿莫多瓦的电影中总是呈现出一种万花筒般的迷人气质。而对于西班牙女性群体的生动描摹，又使他成为影史上独树一帜的女性电影大师。在阿莫多瓦早期作品中，《烈女传》便是其中一部典型的女性浮世绘，通过对女性欲望的暴露式呈现，讽刺贞烈观对人性自由的坑害。影片中，女主角佩比大胆呼吁"性自由"，她喊道："你怎么能那么老土，不喜欢同性恋呢？"

毋庸置疑，《关于我母亲的一切》《对她说》和《回归》是阿莫多瓦创作生涯中的三部巅峰之作，这三部作品曾横扫世界各大电影节，更让阿莫多瓦数次站到奥斯卡的领奖台上。在1999年的代表作《关于我母亲的一切》中，丝莉亚·洛芙饰演的母亲以一种坚韧姿态，成为西班牙女性的楷模，她心怀失子之痛，踏上漫漫寻夫之旅，直至心力交瘁。

拍于千禧年后的《对她说》和《回归》，则使我们进一步深化了对"母体"的感受。在《对她说》中，两位女主角长期卧于病榻昏迷不醒，却自始至终是两个男人的心灵依托。《回归》则更是一部关于西班牙女性的集大成之作。影片中的五位女主角，演绎了西班牙三代女性的命运传奇。母亲鬼魂的奇妙重返，又使我们感受到阿莫多瓦对于死亡的态度，从"死而不去"到"向死而生"，上一辈的精气神最终得以薪火相传。正如雷蒙黛最后对母亲说："妈妈，鬼魂是不会哭的。"

有人说，《回归》是一部西班牙女性的生活史，有温情脉脉的浪漫，有笑中含泪的勇敢，有追逐真爱的勇气。我以为，阿莫多瓦是来拯救电影的，他的出现足以打消庸人们对电影存在价值的怀疑。甚至一度让我相信，西班牙或许真的是世界上最美丽的一片土地。

纵观阿莫多瓦的创作生涯，"性爱"与"死亡"无疑是他作品中

阿莫多瓦《关于我母亲的一切》剧照

永远绕不开的话题。除了女性群像之外，同性恋与变性人也是阿莫多瓦电影中的常客，且基本以男性为主。在当今世界影坛，阿莫多瓦对“性”的风格式表达无疑也具有最独特的标识，甚至在很大程度上，评论界常常会以“阿莫多瓦式”来形容其作者风范。

无论是《关于我母亲的一切》中的同性恋，《回归》中的父女乱伦，抑或《吾栖之肤》中的变性人，阿莫多瓦电影中的“性”就像一座偌大的欲望迷宫，建构出无限种排列组合的可能性。而与其他导演不同的是，阿莫多瓦从来不会刻意去表现同性恋或变性人，而是以最为低调的方式，将人物融于故事中。对阿莫多瓦而言，同性恋或变性人都只是一种生命的常态，即便他电影中的男性常因懦弱和虚伪而备受指责。

时至今日，国内银幕始终视同性恋题材为敏感地带，部分商业片中虽偶有涉及，却多以嘲讽、戏谑的表现手法来呈现。回想李安的《断背山》、娄烨的《春风沉醉的晚上》等话题之作，即便在A类国际电影节赢得大奖，也始终没有引进院线的可能。

在阿莫多瓦的情欲世界里，爱情是可以预谋的。比如另类爱情喜剧《捆着我，绑着我》，曾以极度夸张戏谑的方式，深度探讨了男影迷与女明星之间不寻常的变态关系。影片中，由安东尼奥-班德拉斯扮演的男主角瑞奇患有精神病，无奈爱上了成人电影女星玛利亚，并屡屡向她示爱，甚至将玛利亚绑架起来，囚禁在自己的小黑屋里，并勒令对方要像“他爱她一样爱他”。当年在柏林电影节上，影片中对“施虐—受虐”形式心理的展示，着实引发了评论界的一波新浪潮。

而在《吾栖之肤》中，阿莫多瓦又一次操持了一场活色生香的“变性”游戏。影片中，班德拉斯饰演的罗伯特医生，堂而皇之对男青年文森特实施了全方位性别改造。在这场巧夺天工的变性手术中，罗伯特就像打磨瓷器般雕琢着文森特身上的每一寸肌肤，从切削眼鼻耳喉，到束腰隆胸，及至阴道成形术。可怜的文森特惶惶从梦中惊醒，他试图大声呼喊，却恍然惊觉，自己已经变为女性。阿莫多瓦的重口味，一如既往地令人猝不及防。

阿莫多瓦曾说过，他的愿望是拍一部向钟爱的弗里茨·朗或茂瑙致敬的电影，用上强烈的明暗反差。然而，变脸不变心，他最终还是更多地致敬了自己。情色、变性、乱伦、饲育，如复调般纷繁而华丽。

阿莫多瓦曾说，拍摄于2009年的《破碎的拥抱》是他“写给电影的一封情书”。细想影片中关于“一个女人三重身份”的人物架设，我们才恍然大悟，这是一部集阿莫多瓦影片中所有女人特质于一体的阶段性力作。遗憾的是，这部电影并没有让阿莫多瓦“黄袍加身”。纵观全片，那种标志性的高饱和度的奇俗被过分稀释，以致阿莫多瓦无法更好地完成自我超越。相较于以往作品而言，《破碎的拥抱》则显得冗长乏味。

然而，大师终究还是大师，一如既往地精通于装潢艺术和色彩暗示，执着于西班牙的隐忍与坚贞、欲望与暴虐。正如有人曾说：在中国，最擅用色的是张艺谋；在日本，最擅用色的是黑泽明；而在西班牙，最擅用色的便是阿莫多瓦。作为不同国度的重量级电影人，他们各有拥趸，也各有“黑粉”。

五年后，一度处于隐居状态的阿莫多瓦，带来了他的新片《空乘情人》。这是阿莫多瓦在连续执导《破碎的拥抱》与《吾栖之肤》这两部重口味惊悚剧之后的再度变奏。这一次变奏，阿莫多瓦重回到喜

阿莫多瓦《吾栖之肤》剧照

剧路线，重回到《荡女基卡》的神经质狂喜中，仿佛十年前那个尚显青涩的阿莫多瓦再次出现在我们面前。

在《空乘情人》中，阿莫多瓦通过客机机舱这一封闭环境，讲述了一群疯狂搞怪、各具性情的人物，而机舱内的三名空少，则使尽浑身解数，与乘客之前擦出各种喜剧的火花。对影迷们而言，这个小小的机舱就像是整个世界的缩影；而这群人物的处境则正如备受金融危机困扰的西班牙社会。正如阿莫多瓦所言："片中飞机出现故障后申请紧急降落，但不知道哪一个机场会接受请求。于是乘客只能在天上转着圈，所有人心中都充满了恐惧和不确定，而这两个词也正能够形容我对当下的西班牙国民的感受。"

这场喜剧式的回归，也注定是一把双刃剑。一方面有大批影迷为其助阵，认为《空乘情人》是阿莫多瓦暂别虐心正剧后的一次自我开怀。同时，质疑的声音也同样不绝于耳。许多生性厌恶阿莫多瓦的影评人纷纷抛出恶言，对其口诛笔伐，甚至有人认为，这部电影正好与《荡女基卡》和《不良教育》一起构成"烂片三部曲"。而在一次访谈中，阿莫多瓦自己道明了拍摄这部电影的缘由："我需要回到喜剧中来，并非单纯拍一部喜剧这么简单，而是需要拍一部喜剧来娱乐自己，也娱乐别人。"

佳作等身之后的平和，歇斯底里之后的宁静，或许这便是阿莫多瓦重回喜剧的内心缘由。这些潜移默化的心境变迁，正如每位导演心中"返璞归真"的情结。而他们的电影，也同样呈现出一种更为私人化的内省的力量，比如阿莫多瓦的最新作品《胡丽叶塔》便是如此。换句话说，他们不再需要完全致力于"观众爱看"这一必要条件，而真正开始转向一种自我喜好的释放。

杨德昌：

每个人都是一座孤岛

杨德昌（Edward Yang），1947年11月6日出生，祖籍广东梅州市梅县区，1岁时移居台湾，电影导演及编剧。
2007年6月29日因结肠癌在美国去世，享年59岁。

每年上海国际电影节后最重要的事，恐怕当属纪念杨德昌导演的祭日。遗憾的是，时隔多年，终究不曾有人来完成他未竟的遗愿——《追风》。2007年，筹划数载的武侠动画《追风》尚未完成，杨德昌便撒手人寰。妻子彭铠立说，他死前最后一刻都紧握着画笔。而在影迷们眼中，握在杨德昌手中的，除了画笔，还有一把隐形的手术刀。无一例外，他总是熟稔地操持着锋利的刀刃，剖析着台湾都会里的林林总总，也剖析着我们的心。

有人说，杨德昌是华语电影世界中最会讲故事的导演，只可惜天妒英才，尚不曾迈入花甲之年，便匆匆离世。回想年轻时代的他，曾疯狂着迷于意大利电影大师费里尼，他曾说，费里尼的《八部半》看到第四遍才明白了其中的含义。而他自己的一生也最终休止于类似“八部半”的魔咒里；准确地说，他留给后世的作品只有七又四分之一部（四分之一是指收录《光阴的故事》中的第二个故事《指望》）。终其一生，从《指望》到“台北三部曲”（《海滩的一天》《青梅竹马》《恐怖分子》），从《牯岭街少年杀人事件》到“新台北三部曲”（《独立时代》《麻将》《一一》），他的作品着实屈指可数，但每一部都弥足珍贵。

2007年6月29日下午，杨德昌因结肠癌在美国洛杉矶的比佛利山庄去世，享年59岁。相比于那些年逾耄耋、功成名就的电影大师，他实属英年早逝。二十几年的电影生涯，对他而言终究太短了。除了未完成的《追风》，他还有太多故事想拍，包括他在心中酝酿已久的动画武侠梦。想来，那个病榻上的杨德昌，也正如昔日的费里尼，直到弥留之际，依然在慨叹自己还有太多故事没有讲完。

记忆中，杨德昌属于大器晚成的导演。而立之年，他的生活依然与电影毫无交集。直到35岁那年，他才放弃原先的生活轨迹，正式跨入电影行业。他独立执导的第一部短片名为《指望》，与柯一正、陶德辰和张毅三位导演的短片共同收录于《光阴的故事》。那一年，他们一群人便成为了台湾“新电影运动”的先驱。

在新电影运动的五年期间，杨德昌开始了他创作生涯的第一阶段。1983年，时年36岁的他拍出了《海滩的一天》，张艾嘉和胡茵梦主演，杜可风担任摄影。在影片中，杨德昌以婚姻为由，表达了都市人对未来命运的忧虑：“不管是小说还是电影，两个人结婚以后总是圆满大结局，而大结局之后呢？没有人告诉我们。”也是在同一年，侯孝贤拍完了极具乡村风情的《风柜来的人》。自此，台湾电影史上的两座丰碑渐露雏形，杨德昌的“都市”与侯孝贤的“乡村”，开始成为评论界绕不开的重要话题。

三年后，杨德昌在《恐怖分子》中道出了他对台北现状的忧虑，他说，每个人都是别人的恐怖分子。于是，影片中的每一个人都彼此伤害、相互胁迫，直到绝处，无力逢生。李立群饰演的李立中，与缪骞人饰演的女作家周郁芬，最终都逃不出命运的囚笼，而李立中的疯狂复仇更像是一场梦魇。影片最后那一声枪响，李立中头破血流，倒在澡池中，伴随着蔡琴那温柔绵长的女音，这一刻成为太多影迷心中抹不去的痛楚。

杨德昌发掘张震，是从1991年的《牯岭街少年杀人事件》开始。那一年，张震还只是个15岁的少年，几经打磨，才渐渐成为文艺电影演员中的翘楚，大导演中的抢手货，包括侯孝贤、王家卫、金基德等，都一度垂青于他。在《牯岭街少年杀人事件》中，张震饰演的小四就像一头叛逆的困兽，游走于夜幕四合的漫漫长街。影片最后，他从胸口掏出一把匕首，杀死了心爱的女孩。时过境迁，这一幕依然堪称华语影像中最残酷的青春瞬间。2001年，日本导演岩井俊二在拍《关于莉莉周的一切》时，就借用了杨德昌的这个结尾，却已然褪去了太多的残酷，更像是一场祭奠。

谁也不曾料到的是，2000年的《一一》竟成了杨德昌的遗作。那一年，正是华语电影如火如荼的大年。杨德昌借此荣膺戛纳最佳导演奖。毋庸置疑，《一一》是杨德昌一生中的集大成之作，英译名为“A one and a two”，每个人都注定孤独。恐怕，这也正是杨德昌终其一生的内心写照。人虽为群居动物，却注定彼此隔绝，20世纪以来人与人

杨德昌《牯岭街少年杀人事件》剧照

之间的交流困境从未消失。

在《一一》中，杨德昌构筑了一个独属于台北都市的中产阶级家庭，父亲简南俊始终恪守着朝九晚五的工作，直至精疲力竭。母亲敏敏一如既往操持家务十几年，却因一个下午的哭诉顿觉人生虚无。女儿婷婷深陷于初恋的困惑与懵懂，及至发现自己不过是朋友爱情的替代品。儿子简洋洋则对大人们的世界充满了灰色的好奇心，直到在外婆的葬礼上，他苦恼地发现“他也老了”。在这个以“家”为单位的集体中，我们恍惚觉得，每个人都是一座孤岛。

经常听一些大人这样夸奖小孩子：千万不要与小孩子搭戏，小孩子的演技太可怕了。或许是出于对小孩子的钟爱吧，我最初看《一一》就是因为迷恋上那张“洋洋手持相机”的海报。孩子演得真好，超然于同龄孩子又不失孩子气。现实中的孩子叫“李洋洋”，电影中的孩子叫“简洋洋”。杨德昌大概是怕洋洋演不出孩子式的天真，便只是把洋洋的“李”姓改为“简”姓。洋洋还是洋洋，电影与生活本身没有两样。

及至杨德昌去世，再回头看《一一》，忽而又有另一番感触。或者洋洋只是在演他自己，甚而不觉得自己在演戏，也或者可以把杨导给他的那些台词理解成“童言无忌”。但看完整部电影，你又会觉得洋洋宛如一个小大人，就像有人对这个孩子的定位：心理年龄是生理年龄的两倍半。

简洋洋拿着相机拍了好多人的后脑勺，一一对应地拿给大人们看。“洋洋，你这拍的是什么呀？”洋洋说：“你自己看不到啊，我给你看啊。”这是洋洋自己摸索出来的处世哲学，看似简单，却“别出心裁”地暴露了人群的窘困处境。正如他对父亲简南俊的一连串提问，“爸比，你看到的我看不到，我看到的你也看不到啊，我怎么知道你在看什么呢？”“爸比，我们是不是只知道一半的事情呢？我只能看到前面，看不到后面，这样不是就有一半的事情看不到了吗？”

作为父亲的简南俊显然已经跟不上儿子成熟的节奏。洋洋的提问亦不是谁都能给出答案，即使杨德昌也给不出。我们唯一能够知道，《一一》讲述的是一群人的孤单。而这一群人就像是整个世界的缩影。

昔日看伯格曼的《芬妮与亚历山大》，听到父亲奥斯卡对剧院（小世界）的演员们大谈大世界的残酷与纷扰，恍然就想到了杨德昌的《一一》。扼腕痛惜之余，又兀自觉得有一种被称为“宿命”的东西在隐隐作祟。

两个导演“死”在同一个夏天。《一一》成了杨德昌的最后一部电影，而伯格曼在拍就《芬妮与亚历山大》之后也宣称这是他的收山之作。两部作品的主旨与架构惊人地相似，只是伯格曼大谈了“独乐乐不如众乐乐”，而杨德昌似乎什么也没说。唯有简洋洋的最后一段话成了华语电影的经典。“婆婆，我好想你，尤其是我看到那个还没有名字的小表弟，我会想起你常跟我说，你老了。我很想跟他说：我觉得……我也老了。”

有人说，杨德昌的伟大之处在于不可模仿，他是独一无二的。他始终将缜密严谨的工科思维投注于城市影像中，深度剖析着台北的现实与人心的变迁。对于电影专业出身的后辈们而言，杨德昌的电影太难模仿；相比之下，复制侯孝贤的抒情“乡村”则要容易得多。就近些年来看，台湾新生代导演中常有人效仿侯孝贤，虽气韵不足，却也偶有佳作。但遗憾的是，终究没有人能师承杨德昌。也正因此，在他去世后十年间，没有人敢站出来，继续完成他最后的半成品《追风》。

与法国新浪潮一样，台湾的“新电影运动”也曾诞生了不少重量级导演，除了杨德昌与侯孝贤之外，还另有陈坤厚、万仁、吴念真、柯一正等。纵观台湾影史，更不乏李行、王童、蔡明亮等一大批新老导演。但相比之下，杨德昌作为新电影运动的重要旗手，他的后续影响力显然更胜一筹，并誓将一直延续下去，为后世电影人树起一座沉甸甸的艺术丰碑。台湾著名影评人焦雄屏曾说：“杨德昌对台湾电影的影响，来自突破了传统的本土电影语言，用西方的概念，呈现当代台湾社会、家庭与人文的状态，手法犀利，但充满人性关怀，并提出醒思，无论是早期的《海滩的一天》，到后来《一一》都是。”

相比之下，拍于1994年的《独立时代》是杨德昌作品序列中的另类之作。不同于早期作品精细缜密的布局，《独立时代》如风驰电掣般，意外地暴露出桀骜不驯的愤怒情绪。杨德昌对于台湾当世的针砭时弊，就像一把锋利的手术刀，剖开了残酷现实的泡沫假象，也剖开了城市人的孤独命运。

1996年的《麻将》则是杨德昌中期的一部佳作，同样讲述不谙世事的年少轻狂，确与《牯岭街少年杀人事件》相映成趣。影片中，红鱼、纶纶、牙膏和香港“四人小集团”到处敛财骗色，游戏人生。至终，他们才猛然惊觉，他们输掉的，不仅仅是一场游戏，更是他们的青春。正如牯岭街的张震成长于杀人事件，他们则成长于一场命运赌局。时间洪流中，这一帮少年注定无法成为历史的命脉，而此刻，他们的血是热的，心是滚烫的。正如有人所言，除了傻子和骗子，世界上还有一种人，叫作年轻人。

生而为人的宿命，恐怕大抵便是如此。杨德昌镜头下的众生相，他们看似庸庸碌碌，却也埋头前行。他们像大多数台北人一样勤勉，却又逃不开中产阶级的弊病。他们总是努力想要握紧什么，最终却往往拗不过时间的洪流。可见，杨德昌是一个不折不扣的悲观主义者，他的内心也如他的作品般充满了张力，这种张力是悲剧性的，它们炙热而冰冷，甜美而苦涩，梦幻而现实。

很难想象，倘若没有杨德昌的出现，台湾电影会成为何种格局。虽有侯孝贤执掌大局，却终究会少了一份难得的厚重。窃以为，杨德昌对于台湾都市生活的深度剖析，恐怕再也没有人能够超越得了。这份艺术家的殚精竭虑，不仅属于时代，也属于永恒。当大多数时代之作渐渐被历史淘汰殆尽，杨德昌的作品则依然充满着强大的底气。正如蔡琴在闻讯杨德昌逝世后所言："时间会给他所有的作品一个公道，他的付出不会寂寞。"

杨德昌《一一》海报

塔可夫斯基：

书写长镜头的潜行者

安德烈·塔可夫斯基，1932年4月4日出生于俄罗斯札弗洛塞镇，诗人阿尔谢尼伊·塔可夫斯基之子，著名导演。
1986年12月28日因癌症病逝于巴黎，享年54岁。

1979年，安德烈·塔可夫斯基远赴爱沙尼亚拍出了科幻杰作《潜行者》，电影改编自斯特鲁伽茨基兄弟的经典短篇小说《路边野餐》。尽管远离苏联故土，但塔可夫斯基镜头下的流动时空和精神内核，依然是原汁原味的苏联风格；而更令人叹服的是他对潜意识和外部世界的无缝隙转换，正如影片中那行诗句："过去、未来只是现在的继续，一切变化只是在水平线那里闪烁。"

去年是塔可夫斯基去世30周年，先后落幕的第六届北京国际电影节、第19届上海国际电影节纷纷祭出老塔作品回顾展，无数影迷景仰备至、抢票观摩。然而，如何看懂老塔，如何理解大师，如何书写这位影史最伟大的时间潜行者，依然是一门难度指数极高的电影功课。

塔可夫斯基《伊万的童年》剧照

不同于普通线性叙事的电影，非线性叙事往往采用倒叙、分段、重复、环形、多线索、罗生门等各种叙事结构。而塔可夫斯基的电影又往往不同于既有的非线性叙事类型，更多的手法是从他自身的日常梦境与生命体验中自然生长出来的，极具独创性。

比如塔可夫斯基拍摄于1972年的长片处女作《伊万的童年》，便是以“梦境”作为叙事筹码，整个故事从伊万的梦境开始，又以伊万的梦境结束。童年的布谷鸟、战壕上的风门和营房中的臆想，都如同梦境中的一枚枚记忆碎片，穿插在伊万天真无畏的日常斗争中。而1983年的《乡愁》开篇第一个镜头便是塔可夫斯基生命中最重要的回忆：土地，水源，马匹，狗。

在塔可夫斯基仅有的七部长片作品中，拍摄于1975年的《镜子》无疑是一部将塔氏非线性叙事运用得最为炉火纯青的作品。在宛如梦境的《镜子》中，老塔常常只保留必要的意象，并不加以任何解释说明，同时在影像时序上相互错位，构建出一种类似于“破镜重圆”的碎片化拼贴叙事，但这并非冰冷生硬的排列组合，而是基于以梦为马的流淌的内心感受。

假如塔可夫斯基以线性时序处理《镜子》的话，无疑应该是先有童年第一眼见到母亲的手，再有成年后黑夜梦境中的依次闪现。然而，这是一部伟大的塔可夫斯基电影，叙事逻辑永远不该遭受日常的掌控，所有记忆、梦境、幻想、白日梦，如水流般彼此交织融合，早已无法明确区分开，唯有吉光片羽的生命体验是活生生的。

正如电影理论家麦茨所言，非戏剧性就是把构成日常生活的一切失掉的含义网罗到一种更精细的戏剧中，揭示无重大意义可言的生活瞬间所具有的广泛含义。而意义的来源始终在于文本构成，文本可以

塔可夫斯基《镜子》剧照

是生活碎片，可以是意识流，可以是非线性叙事，但是意义不等于闪烁其词，不等于含糊性，不等于创作的绝对自由。

电影史上的长镜头大师有很多，如安哲罗普洛斯、贝拉·塔尔、米克洛斯·杨索、努里·比格·锡兰等，各自凭借独一无二的作者意识开拓了长镜头美学的广阔疆域。但真正使长镜头具有创世纪意味的却只有塔可夫斯基一位，其在电影史上的影响力与公认度，正如伯格曼之于小剧场、费里尼之于马戏团、爱森斯坦之于蒙太奇。

英年早逝的塔可夫斯基一生只拍了七部半电影，创作生涯弹指须臾，令人叹惋。所幸，长镜头拯救了他。诗意流淌的长镜头无形中延拓了老塔的艺术时空，正如他始终坚守的严肃的创作理念——"艺术家应当承担近似上帝的使命，艺术创造不是自我表达或自我实现，而是以自我牺牲创生另一种现实、一种精神性存在。"而老塔的长镜头美学，正是对他艺术使命的完美照应。

在《伊万的童年》中，塔可夫斯基还处于长镜头探索阶段，尚未抵达登峰造极的地步。但他却别有技巧地调动了长镜头的蒙太奇功能，借由空间层次的逐渐变化，极其细微地展现了时间静静流淌的过程。一个镜头内部完成丰富的变化，甚至跨越现实与梦境的鸿沟，将伊万生命中的白天黑夜连成一种极具凝视之美的诗意状态，令人叹服。

在《潜行者》中，塔可夫斯基同样使用了大量的长镜头极力去制造出一种神秘主义氛围。作为影史上最与众不同的内涵型科幻片——《潜行者》被赋予了高度的隐喻和象征意味，而长镜头的运用则为全片缔造了一种壮观而肃穆的史诗气质。

塔可夫斯基生命中倒数第二部的电影作品《乡愁》则为我们贡献了影史上最伟大的长镜头之一。漫长的八分四十五秒，戈尔恰科夫手持燃烧的蜡烛涉入圣凯瑟琳水池，教堂无声地摇曳，没有布谷鸟的歌声，水很静。塔可夫斯基如此不动声色地完整展示了这场朝圣般的仪式——庄严而神秘，有一种诗性之美。

所谓“诗电影”，素来有所争论。但往往离不开抒情功能和联想自由，以及对隐喻、象征、节奏的艺术探索。而塔可夫斯基也正是因为对艺术电影全新境界的诗意探索，被世人赋予了“电影诗人”的美誉，尽管这个称呼还远远无法涵盖老塔的成就，尽管他也并不乐意被评论界称为“电影诗人”，但他的七部半作品无疑从精神本源上深化了苏联20世纪50—70年代的诗电影创作。正如人所言，老塔是真正洞悉了电影本体秘密的导演，他的创作从来不在外围打转，而是直取要害核心，心无旁骛。

塔可夫斯基的父亲阿尔谢尼伊·塔可夫斯基是苏联著名的诗人，他的诗常常出现在儿子安德烈的电影作品里面，尤以《镜子》中的那首诗最为经典：“透过监狱的围栏它听到：树林和草地的欢腾，海水的喧闹……我梦见另一个人的灵魂，穿着另外的袍子，掠过怀疑直达希望，像酒精那样，燃烧而没有阴影……”由此，母亲倚坐围栏的孤独背影，便成为了《镜子》中最著名的剧照。

而在塔可夫斯基精神自传《雕刻时光》的扉页上，伯格曼那段赞词早已被广泛引用：“初看塔可夫斯基的影片仿佛是个奇迹。蓦然我发觉自己置身于一间房间门口，过去从未有人把这房间的钥匙交给我……我认为塔可夫斯基是最伟大的，他创造了崭新的电影语言，捕捉生命一如倒映，一如梦境。”同被世人誉为“圣三位一体”的伯格曼，在他的无数作品中质疑上帝、睥睨众生，却意外地在塔可夫斯基这里找到了灵魂栖息的教堂。

塔可夫斯基说：“任何人想要成为导演，必须付出一生的时间作为赌注。”简单地说，拍电影这份所谓艺术家的职业，是贩卖时间与记忆、个人生命体验的行业。所幸的是，艺术一直都是人类对抗威胁着要吞噬我们心灵的物质产品的武器。

塔可夫斯基的电影作品中有着一系列关于“时间”的指涉，如《镜子》，如《牺牲》，如《飞向太空》，过去、现在与未来的回环往复，将我们一次次带入时间的秘境。在塔可夫斯基眼里，蒙太奇就是诗化的时间，而诗化的时间就是蒙太奇。至于电影的本质——永远是雕刻时光。

关于时间的最经典桥段，无疑出现在塔可夫斯基的《镜子》中。《镜子》是塔可夫斯基第一次决定用电影自由地表达他生命中最为重要的记忆。在这场名垂影史的超现实梦境里，沉默的男孩看着洗头的母亲，镜头缓缓流淌，时间恍如静止。直到母亲抬起头，她的头发开始“下雨”，水珠渗落，发出淅沥雨声。继而时间快进，渗水的墙壁出现斑驳水影，墙体大片大片地剥落。母亲拉过镜子，瞬间白发苍苍。塔可夫斯基在一个场景内实现了时间的瞬息流逝，传递了潜意识中母亲的痛苦。作为朝圣塔可夫斯基长大的毕赣导演，同样在《路边野餐》里置入了密码般的时间元素，无处不在的钟盘和手表，画在墙上的光线旋转的钟，火车飞驰投下的逆时钟阴影，等等。

至于对空间错乱的呈现，最著名的要数《飞向太空》中那一场“屋内的雨”，男主人公克里斯透过玻璃窗窥视屋内的父亲，他看到屋内雨若倾盆，而屋外却是晴空万里，以强烈反差制造记忆上的疏离。

看电影是一个呼唤记忆的过程，在这个过程中，时间并不是按秒计算的，时间更像一块可挤压的海绵，它并非物理上的时间，而是心理上的时间。正如塔可夫斯基所言，电影的本质在于它的客观真实性，这种真实性不仅包括对物质世界的客观记录，更加包括客观生活中人们的心理体验；而至于具体的表现方式，诸如记忆、梦境、幻想等，它们看似不可捉摸却均具有时间性质，并且都被时间记录下来。记忆与梦境早已成为塔可夫斯基电影中不可或缺的重要部分，它们总能在特定情境下输出给时间，成为塔氏镜像中最珍贵、最激荡灵魂的闪光点。

1962年，年仅30岁的塔可夫斯基，手持金狮奖杯，站上了威尼斯电影节的领奖台。《伊万的童年》在冥冥之中造就了一种完美的永恒。正如萨特所盛赞的，一位伟大的当代电影形式主义者到来了。

电影改编自俄国作家鲍戈莫洛夫的小说《伊万》，以哈尔采夫上尉第一人称回忆展开悲剧性叙事。电影中的小主人公伊万秉承了原著神韵，面色黝黑，单薄瘦削，总是目光坚毅地站在瑟瑟寒风中，由于发抖牙齿会咯咯作响。我们所看到的伊万，绝非常见的小战士形象，更像是一头因战争失去亲人拥护的兽物，在悲伤中学会独自战斗，孑然一身告别童年。

年仅12岁的伊万，就在内心种下了复仇的火焰。他随父亲的朋友到前线部队当上侦察兵，穿梭于战火和死亡的阴霾之中。一种因战争而扭曲的、不属于孩子的怪异性格在伊万的身体里开始生根发芽，属于他的真正的童年开始销声匿迹。

这是一种残酷的感召，积酿在整片属于20世纪的风景之中，伊万无疑就是这片风景中最让人不忍卒视的缩影。二战时期的苏联，沉重的失守之地。童年与战争，则成为这片失地上最难以绕开的母题之一。

所幸，伟大的塔可夫斯基为伊万造了另一重时空——残酷现实之外的梦境乐园。而正是这四场穿插其间的梦境将《伊万的童年》牵引到伟大电影的行列中。梦境中的和平生活，交杂着伊万对曾经美好岁月的所有记忆，以及对未来的遥远想象。

塔可夫斯基电影中惯用的经典意象一一出现在伊万的梦境中：布谷鸟、白桦林、路边的马、柔软的海滩、散落一地的苹果、雨水、星空、空无人烟的荒原。值得一提的是，塔可夫斯基电影中的意象绝非简单的隐喻符号，而是高于生活的诗意呈现。《伊万的童年》开场梦境中的布谷鸟正是诗意的最好明证。当老塔的长镜头沿着白桦树的枝干向天空伸展，母亲的呢喃成为伊万耳畔挥之不去的主旋律，那一刻，他依然如孩子般抬头喊道："妈妈，有布谷鸟。"

艺术家的命数往往分两种，或者命如长虹，或者英年早逝。但无论死期早晚，孤独的存在永远是人类的宿命本质。我们固然能够共享物质生活，却注定无法共续精神命脉。

在老塔的电影里，我们往往只能看到一个孤零零的主角——是《伊万的童年》中的伊万，是《乡愁》中的诗人安德烈，抑或是《牺牲》中的评论家亚历山大，我们姑且称他们为"孤独的朝圣者"。而《潜行者》与《安德烈·卢布廖夫》则更是如出一辙地呈现了世界上最孤独的一类人。他们服务于塔可夫斯基的长镜头，并将那种针对信仰的献身精神演绎得淋漓尽致。塔可夫斯基后来在《雕刻时光》中写道："艺术家是不自由的，只有他们将自身完全献祭于某种灵感，听从某种召唤的时候，它才可能创造出不朽的作品。"

1979年的《潜行者》由亚历山大·凯伊达诺夫斯基主演。作为塔可夫斯基弟子中最具才华的一位，凯伊达诺夫斯基自己也曾执导过三部长片和一部短片，其中最具知名度的是改编自托尔斯泰小说的《伊凡·伊里奇之死》。而《潜行者》中的他，一如禁区内的一头孤独盲兽，漫无目的地踽踽独行。在风动的荒丛中，他看见马匹倒地，看见水草游摆，看见下水道里撒满了硬币和注射器，一如锈迹斑斑的神隐之手，牵引着他，一步步通往The Room的内核。

那一刻，老塔的灵魂附着于凯伊达诺夫斯基的身体，直至《潜行者》荣膺戛纳电影节评审团大奖。凯伊达诺夫斯基也于同年拍出了短片处女作《约拿或工作中的艺术家》，改编自加缪同名小说，并由老塔《镜子》的编剧鼎力操刀。那一年，世人习惯性地以为苏联的精气神似乎就这样被传承了下来。然而，世事终究难料，老塔拍完《牺牲》便撒手人寰，享年54岁；数年后，49岁的凯伊达诺夫斯基也随之匆匆离世。正如托尔斯泰所慨叹的：生命空空如也，存在的仅仅只有死亡。

身处故乡却染上乡愁，或许很多影迷并不能切身体会到这种感受。但我们或许可以明白，很多时候乡愁并非空间上的位移，而是心理上的一种情绪。就像阿彼察邦一直拍泰缅边境的森林，塔可夫斯基无论到哪个国度拍电影，都能拍得像扎根苏联一样。按老塔的话说，“不回俄罗斯，我就会死去，那些白桦林，那些童年呼吸过的空气，都让我无法逃离”。

在被流放意大利的那些年里，塔可夫斯基拍出了影史上最伟大的乡愁电影，即《乡愁》。犹记得塞尔乔·莱翁内在《美国往事》中曾以汽车的沉没与焚毁表现了一个时代的“水深火热”，而塔可夫斯基同样借此深度探究了人性的疯狂与焦灼。

启示录般的声音以尼采式的魔语响起，疯子多米尼克站在大理石塑像上，向罗马广场上的人群大声呐喊：“社会一定又会联合起来，以取代混乱。我们必须返回我们误入歧途的转折点！我们必须回到生命的根基，那里没有污染的水源。……这是一个什么样的世界啊？竟然要一个疯子来告诉你们该为自己而羞耻！”于是，当《欢乐颂》响起的那一刻，多米尼克点燃身上的汽油，走向了自焚的宿命。他留给诗人安德烈一个拯救世界的秘密巫术，成功的可能性却如风中摇曳的烛火。

1986年，塔可夫斯基依然漂泊在遥远的意大利，完成了他生命中的最后一部电影《牺牲》。影片在主题上延续了《乡愁》的精神命脉，却又明显走得更彻底一些。在《牺牲》中，亚历山大和小儿子在海岸边种树的长镜头持续了接近10分钟，父亲把不可言说的上帝信仰种进了孩子心里。塔可夫斯基用尽最后的力气努力怀乡，即便被世人当成疯子也在所不惜。

今敏：

没有梦想才是死期

今敏（こんさとし），1963年10月12日出生于日本北海道札幌市。
日本漫画家、动画导演。
2010年8月24日上午因胰腺癌逝世于日本东京都，享年47岁。

时隔7年，我依然会不断回想起今敏导演那份长长的遗书，他在遗书中说，他要提前“上飞机”了，怀着对世上所有美好事物的谢意，他放下了手中的笔。如今，整整5年过去，我们都未曾“上船”，更不曾被世界末日吞没；然而，昔日那位生机勃勃的“动画巨匠”今敏，却再也回不来了。今年的8月24日，是今敏七周年祭，太多人扼腕于天妒英才，而身为影迷的我们，也依然在没有今敏的世界里继续着“造梦”的征程。

和今敏一样，我们最放心不下的同样是他的《造梦机器》。这部未完成的遗作，至今依然杳无音讯。即便有导演曾声言，要极力帮今敏完成遗愿，但至终还是无能为力。正如今敏在遗书中所言：“原作、脚本、角色与世界观的设定、分镜、印象音乐等等，所有的想法都只在今敏一个人的心中。……只有今敏知道是在搞什么，也只有今敏做得出来。”

在这个失去了今敏的造梦时代，我们恐怕再也看不到更多如梦如幻的世界观了。遗憾之余，我们唯有重拾旧梦，再祭今敏。

在今敏导演短短47年人生中，虽仅有寥寥几部动画长片问世，但其作品的密度与深度，却让太多创作者望尘莫及。想来，今敏导演的魔力正在于此，纵观其短暂又辉煌的创作生涯，瑰丽绚烂，云波诡谲，仿佛一座巨大的梦境熔炉，包罗了整个世界。而在我看来，一位好导演即便不幸英年早逝，他的作品也绝不会昙花一现。

现实与幻觉的奇妙交融，是今敏作品中最让人心潮暗涌的神秘时刻。在处女作《未麻的部屋》中，今敏将女主角未麻置于虚实难辨的不同的舞台，公寓、网络、唱台、片场，就像一场漫无止境的穿梭。而未麻自身，也在焦虑不安的穿梭中经历着“人格分裂”的恐惧，仿佛世界上的另一个自己，在过着另一半生活。这正如影片中的两大色调，蓝色与粉色，照应现实与幻觉。直至那场情色而禁忌的片场游戏，更进一步将未麻拽入虚实难辨的超验时空，难以脱身。影片中值得分析的场景比比皆是，甚至影片的拼图式海报也包含着同一角色的双重建构，令人回味无穷。而片名“未麻的部屋”则一语双关，包含虚实照应，“既指主人公未麻的独身公寓，亦指未麻的网络博客”。

2001年，今敏的《千年女优》荣获日本文化厅多媒体艺术祭的动画大赏，与他同台领奖的还有宫崎骏的《千与千寻》。自此，今敏一跃成名。印象中，《千年女优》是一部气势恢弘的影像回忆录。作为

今敏《未麻的部屋》剧照

经典的“戏中戏”,《千年女优》以传奇影星藤原千代子的一生为蓝本,巧妙地串连起日本电影的各个时期,将真实与幻境彼此融合。影片中,千代子奔跑在不同时代的爱情故事里,从日本战国到幕府时代,从大正年间到昭和时期。而她一生的光辉岁月,都最终定格于眼角下那一枚泪痣中。白马长啸,刀光剑影,爱恨情仇,时而刚烈如火,樱花怒放,时而柔婉如水,隽永绵长,就像一场风驰电掣的影史神话。而关于这场伟大的幻想,今敏曾说:“人们常说幻想是谎言,但我不这么认为;神话和宗教都是巨大的幻想,叙事都是不现实、不科学的、

今敏《红辣椒》剧照

不理性的，但没人能否定其意义。”

对大多数影迷而言，“盗梦”概念的始作俑者当属克里斯托弗·诺兰。但其实早在《盗梦空间》诞生的四年前，今敏的《红辣椒》便已横空出世。同样以“盗梦”建构世界观，显然今敏才是独一无二的开拓者。

倘若不算上半成品《造梦机器》，那么《红辣椒》无疑是今敏真正的遗作。《红辣椒》又名《盗梦侦探》，改编自日本科幻作家筒井康隆同名小说，曾被认为是“最不可能影像化的小说”。或许，唯有今敏导演敢于冒险尝试，并且有足够的自信与毅力。回溯影片中的女主角，曾一度被称为“女版孙悟空”，她的第一重身份是美女医疗师千叶敦子，另一重身份则是盗梦侦探“红辣椒”，能够与患者同步体验梦境。

和宫崎骏一样，今敏同样惯以女性形象作为主角。纵观一系列日漫来看，除了热血机战类动漫常以少年为主人公，其他大部分题材都少不了女性的加盟。显然，这是东方文化不同于西方男性主义文化的一大明证。按今敏的话说，“总是以女性作为我电影的主角，是因为，我觉得女性是一种很神秘的生物。”正如《红辣椒》中的千叶敦子，其变幻多端的形象设定，恰是对童话故事与神秘传说的再塑。简言之，红辣椒这一形象就像是一个神话的集合体，它包罗了所有的美好与正义，并以光明对抗黑暗。与此同时，女性元素无疑也是更接近于“母体”的神话建构，而母体除了拥有“海纳百川”的本体外，还拥有无与伦比的韧劲和张力。显然，相比于男性的英雄主义情结，女性更具进入灵魂的魔力。

纵观《红辣椒》全片，最令我热血沸腾的是那场铺天盖地的魔幻大游行。那一刻，整个世界的物件，无论虚拟如电子设备，抑或象征艺术的雕像，都不可抑制地涌入狂欢的人群。这注定是一个伟大的魔幻时刻，它关于狂欢，也关于孤独。

犹记得今敏去世那一年，关于“诺兰克死今敏”的说法不绝于耳。这听似无畏的谬言，却终究明证了一个事实：今敏的存在，对日本动画界，甚至美国好莱坞，都是一笔宝贵的财富。而论及“抄袭”，今敏的《未麻的部屋》也曾被美国导演达伦·阿伦诺夫斯基反复“捣腾”。无论《梦之安魂曲》中的运镜与构图，还是《黑天鹅》中的女主角心理设定，仿佛都能看到今敏《未麻的部屋》的影子。无独有偶，甚至大卫·林奇的传世之作《穆赫兰道》，都与《未麻的部屋》有着异曲同工之妙。殊不知，这一切仅仅是“盗梦”的奏鸣曲而已。

不同于其他动画导演对外部世界的远足冒险，今敏导演的热血是深植于骨髓和血肉的，更像是一场内部的精神之旅。对后辈们而言，今敏无疑是最好的梦想代理人。今敏式的梦想，注定不会像宫崎骏那样温暖纯真，也不会像大友克洋那样热血暴走。他的梦想，更应该是《东京教父》里的那一束微光，三个流浪汉共育弃婴，如此残酷而渺茫，却又直戳人心。

吉卜力工作室的得力干将近藤喜文于1998年逝世，时年47岁，今敏同样死于47岁。对整个日本动画界而言，今敏的去世就如同悲剧重演，挫伤了太多人的追梦之心。而仅在今敏去世一天前，日本木偶动画大师川本喜八郎也刚刚撒手人寰。时过境迁，昔日人才济济的日本动画界，注定也将面临后继无人的困境。薪火相传，恐怕是这个时代最令人唏嘘叹惋的一个词了。在梦工厂与皮克斯日益称雄的技术时代，日本手绘动画何以常开不败，是新一代动画人亟须反思的事。没有梦想就是末日，今敏这电光火石般的一生，便是对这句话最好的诠释。

而今敏对“末日”的态度，或许就像《千年女优》中的千代子那样。面对采访现场的两次地震，记者与摄影师都表现得惊慌失措，而藤原千代子小姐却始终稳如泰山地静坐着，她的沉默中有一种远古而哀恸的力量。回望弥留之际的今敏，他在面对死亡时的心态，恐怕也如千代子一样波澜不惊吧。至少从今敏的遗书来看，他对死亡的恐惧少之又少，更多的则是对梦想之旅即将终结的遗憾。在今敏眼里，死亡绝非末日，没有梦想才是真正的末日。

法斯宾德：

无政府主义者的轮舞

赖纳·维尔纳·法斯宾德（Rainer Werner Fassbinder），1945年5月31日出生于德国的巴伐利亚，导演、编剧、演员。1982年6月10日在慕尼黑的家中去世，享年37岁。

10年前，当我还不认识赖纳·维尔纳·法斯宾德的时候，就常常听人提起“爱比死更冷”这样残酷的言语。直到2007年，我非常偶然地遭遇了人生中的第一部法斯宾德电影，拍于1975年的传奇之作《狐及其友》。那一年，法斯宾德刚满30岁，而《狐及其友》是他生命中拍摄的第一部同性恋电影。在我眼里，这部电影就像一把匕首，看似讲同志之间的悲爱，却又似乎讲了所有爱情的结局。

正如戈达尔对于法国“新浪潮”之“新”的革命性意义，法斯宾德对于德国新电影的意义也同样如此。作为德国新电影运动的“心脏”，法斯宾德曾极力声称，他是一个浪漫的无政府主义者，他相信“电影解放心智”。回望法斯宾德轰轰烈烈的短暂一生，从反戏剧剧团到新电影片场，他始终以暴君般的行动者姿态大张旗鼓，用极端形式对抗着一切庸常和无趣。

法斯宾德曾慨叹“好莱坞电影全把路堵死了”，但无论多强大的外力，终究堵不住他的疯狂坚守。在创作上，他着力关注弱势群体，迷恋传统室内剧，热衷布莱希特式间离效果，更竭力将批判的矛头直指社会层面。正如他所言，“假如我要拍一部一味循规蹈矩地说故事的影片，它势必会将我吞没，充其量是一部夏布洛尔式电影”。

1969年，法斯宾德以《爱比死更冷》真正开启了他的德国新电影之旅。这是法斯宾德的第一部剧情长片，也是奠定其影像哲学与残酷主题的风格化之作。极简主义的布景，舞台式的表演，诡异的配乐，空洞的留白，其间还弥漫着既疯狂又冰冷的死亡气息。正如法斯宾德自身对片名的绝望阐释：“爱情只是一种最精良、最狡猾、最有效的社会压迫工具。”而这种阶级性的冰冷的恐惧感，也深植于他日后的一系列电影中。

洪尚秀说，女人是男人的未来；而法斯宾德说，女人是国家的历史。德国新电影运动最如火如荼的1979到1982年间，也是法斯宾德迈向生命尽头的最后几年，他以惊人的速度连续炮制出数部女性主义经典，其中最具世界性影响力的是“女性三部曲”，包括《玛丽娅·布劳恩的婚姻》《罗拉》，以及《维罗尼卡·福斯的欲望》，分别讲述名媛、妓女与过气女伶的故事。

还名媛以声誉、还妓女以清白、还女伶以荣耀，或许并非法斯宾德真正关心的问题。这个影史上的道德孽子更关心的是，当无情的命运将女人抛进时空的洪流之中时，她们该如何掌握自己的未来，如何

法斯宾德《罗拉》剧照

心安理得地活下去。

对法斯宾德而言，女性形象在他的电影中，既是活生生的存在，也是符号化的载体。这里并没有爱情，而是将其演变成了一种“经过美化的剥削形式”，一种“最恰当、最阴险、最有效的社会压迫手段”，所谓法斯宾德的残酷之美也正在于此。

犹记得，在影片《玛丽娅·布劳恩的婚姻》中，汉娜·许古拉有这样一句惊世骇俗的经典台词：“这不是性与交易，而是命运与交易。”作为乱世名媛，玛丽娅·布劳恩伴随着不断“交易”的疯狂命运，就像一个意义非凡的历史象征，成为那一代德国女性的绝佳影射。相比之下，影片《罗拉》中的女主角则塑造得略逊一筹，唯有法斯宾德迷离诡谲的气息依然摄人心魄。整部电影如同一场迎来送往的欲望游戏，以暧昧的红色影射政治，将整个世界的罪与罚尽收其中。而对罗拉来说，这一切都只是过场游戏罢了，孤独的人依然保持孤独不变。

1982年的《维罗尼卡·福斯的欲望》是法斯宾德的最后一部女性电影，其中有对“光与影”的艺术探究，也有对“生与死”的深度拷问。影片中的过气女伶，固然也是法斯宾德的自我化身。正如福斯无法忍受用整整十年的光阴来疗伤止痛，法斯宾德也同样难以背负时间的反复煎熬。对他而言，庸碌等待无异于慢性自杀。于是，借福斯之口，法斯宾德道出了自身对死亡的态度：“瞬时的挣扎与永恒的死亡之间，我选择死亡。”

我们难以忘记的还有《莉莉·玛莲》。这部拍于1981年的女性主义电影，同样由汉娜·许古拉担任女主角。尽管并非法斯宾德“女性三部曲”序列中的作品，但其经典程度同样不容小觑。记忆中的一幕，莉莉·玛莲执着地在舞台上歌唱，而舞台下却混乱一片。乱世红尘，所谓战争年代的悲哀，大抵便是如此吧。

征人一夜尽望乡，当《莉莉·玛莲》那首动人的旋律在战壕上倏然响起，年轻的士兵们一个个仰头张望远方，那一瞬我们如此熟悉，却又另有一番滋味。直到战争结束的许多年后，当容颜渐老的莉莉·玛莲重新站回舞台演唱时，仿佛所有的苦难与悲伤在那一刻呼啸而过。她如此憔悴却又闪耀地站在人群之前，就像时代的一声叹息。

终其一生，生性风流的法斯宾德经历了无数段感情。然而，无论是结发之妻英格丽·卡文，抑郁自杀的男友阿敏·梅耶尔，抑或是随风而逝的同性恋人汉瑞·拜厄，似乎都只是他生命中的短短光影，更多的是留给后世的电影之外的神秘传言。

有趣的灵魂终会相遇。或许唯有女神汉娜·许古拉，才是法斯宾德艺术生涯中铭记永恒的缪斯。不同于身体上的欲望式迷恋，法斯宾德与许古拉的亲密关系，无疑更多是精神上的情投意合。在法斯宾德仅仅14年的从影生涯中，汉娜·许古拉一共出演了他的19部电影，除了《玛丽娅·布劳恩的婚姻》与《莉莉·玛莲》之外，还包括《爱比死更冷》《卡策马赫尔》《四季商人》《寂寞芳心》《柏林亚历山大广场》等经典杰作。

当然，不得不提的还有拍于1972年的天鹅绒室内剧《柏蒂娜的苦泪》，这同样是两人合作生涯上的一出重头戏。密闭的房间是赤裸裸的舞台，六个女人联袂编织的单场景群戏，曾一度被影迷认为是法斯宾德真正的集大成之作。而在我看来，法斯宾德之于《柏蒂娜的苦泪》，正如伯格曼之于《呼喊与细语》、费里尼之于《女人城》。

法斯宾德享有许多恶名，男女关系混乱便是其中之一。他也将这种迷宫般的混乱深植于一系列电影角色的创造中，可将其称为“多人轮舞”。1976年的《中国轮盘》是法斯宾德标志性的一部轮舞之作。影片中，丈夫克里斯特告别妻子和女儿，赴奥斯陆公干，但他在半路中转，约会了情人并将其带回自己的乡间别墅。回来时他意外发现，妻子亚丽安娜正与助手在偷情。

于是，这群心怀鬼胎的混乱之人便展开了一场名为“中国轮盘赌”的真心话问答游戏，各自牵引出潜藏内心的秘密。有趣的是，法斯宾德还将尼采的“超人哲学”引入这场暧昧游戏中，并提出了“多人轮舞”真正的混乱源头：混乱首先在我的体内。

回想1971年的《当心圣妓》，法斯宾德便早已深谙轮舞群戏的戏剧性张力。不同于传统的“戏中戏”拍法，《当心圣妓》则是以反“戏中戏”的姿态著称于世，堪称风格绝佳的个人写照之作。一群在片场迟迟等候开拍的演员，在遭遇导演失踪、器材丢失等各路状况后，便游荡在西班牙酒店空洞华丽的大厅中，百无聊赖。

在这场钩心斗角的大厅轮舞中，法斯宾德将男人的沉默寡言与女人的歇斯底里诠释得淋漓尽致。与此同时，作为典型“暴君导演”的他，也借此狠狠自嘲了一番。他还曾戏称：“没有虐待狂，就没有受虐待。而建立在施/受虐狂基础上的关系，往往因腐化的教育而产生。”

在法斯宾德的多人轮舞中，“镜子”意象的运用也是一门绝佳技艺。法斯宾德曾说，对我而言，礼仪在镜子里延续，也被镜子所打断。我希望这种打断能烙印在观者的潜意识里，使他有心去打破中产阶级生活模式的种种仪式和目的。

比如在1975年的同性多角恋之作《狐及其友》中，法斯宾德安排了一场新欢旧爱狭路相逢的戏码。身为“新欢”的男主角弗兰茨，尽管看似胜券在握，但当他的同性恋人欧根秘密私会“旧爱”时，他却终究无计可施。在服饰店的一场私会戏中，法斯宾德呈现了这样一个关于“镜子”的细节：欧根与旧情人菲利浦偷偷拥吻的画面，是通过天花板上穿衣镜的反照来呈现的。这种异样的倒置，也正契合了剧中人物异样的情感。这一刻，可怜的男主角弗兰茨也终于离爱情越来越遥远。

法斯宾德最让人心醉神迷的一场“多人轮舞”，则出现在《玛丽娅·布劳恩的婚姻》中。在这场轮舞中，女主角玛丽娅来回兜旋于不同男性的怀抱，轮番拥舞，仿佛一个女人的整个命运都映现在这场吉光片羽的轮舞中了。再细想来，其实“多人轮舞”无非是热闹的说法罢了，其本质依然是无尽的孤独。显然，不同于文德斯“在路上”的漂泊，法斯宾德的漂泊则是基于情感。他自己也曾说过，人既不能独处，也不能与人共处。

抛开现世中的恶习不谈，法斯宾德也曾畅想过真正的爱情，只不过更加完美主义一点。他曾在与海拉·施伦贝格尔的一场谈论中提及自己的“择友”标准：“我但愿能够和一个各方面都能相互激荡的人做朋友。这当中有性、爱情、意识形态，凡是可与之不断切磋交流的东西，尽包含在一个人里面，我觉得这是挺美的事。只是我不再相信有这等事了。”

我们知道，法斯宾德的同性恋人阿敏·梅耶尔是自杀而死。他死于1987年5月31日，恰逢法斯宾德的生日当天。其间的是是非非，局外人终究无从知晓，直到法斯宾德去世后很多年，这场恋人之死才悄然被传言成令人唏嘘的爱情传奇。时过境迁，关于法斯宾德“荒淫无度”的言传，也早已被异化为艺术家专属的另类气质。我们唯独确定的是，在拍完《狐及其友》之后，同性恋元素便开始成为法斯宾德的至爱，并一直延续到他的狂想式遗作《水手奎莱尔》。

生命如洪荒般速朽的法斯宾德，死于恐惧，也死于赞美。短短14年的电影生涯，他一共执导了41部电影。在很多影迷眼里，法斯宾德如此高频率的、丧心病狂的拍片模式，也是他37岁便英年早逝的一大诱因。

作为德国“新电影运动”的中流砥柱，法斯宾德曾坦言，他之所以如此疯狂地拍片，是因为害怕早逝。按他的原话来讲：“大多数人害怕的是死亡的过程，而非死亡本身；而我害怕的是永远不再存在于人世间。”所幸，法斯宾德的导演生涯尽管短暂，却也注定辉煌。除了“女性三部曲”与《莉莉·玛莲》大获成功外，他还拍出了《十三个月亮》《恐惧吞噬灵魂》等这样的影史杰作，去世前几年更是一鼓作气完成了对德布林史诗小说《柏林亚历山大广场》的全本改编。或许，唯一遗憾的是，创作上的丰腴终究无法弥补其灵魂上的巨大空洞。灵魂深处的恐惧，就像一场漫长的精神瘟疫，困住了法斯宾德刹那永恒的一生。

在绝望的人看来，暴风雨之后的黎明终究是死寂的。法斯宾德就是这样绝望的人，在他的电影里，哪怕连微笑都始终带着嘲讽的意味。与《狐及其友》中的弗兰茨一样，法斯宾德也至终选择了死亡。

“这是命运”，他以他冰冷的躯体重述了这句口头禅。当两个孩子抢走了弗兰茨的钱包、手表和外套时，德国新电影的未来便早已奠定下阴郁而凛冽的基调。那一刻，有个微弱的声音诅咒道：“可怕的孩子们！”而究其根本，这样的“可怕”却是属于整个社会。

德国新电影运动始于1962年的《奥博豪森宣言》。那么，新电影运动的终点又被安置于何处呢？1982年6月10日凌晨三点半，当法斯宾德的心脏停止跳动的那一刻，德国人集体悲叹，我们的心脏死了。那一刻，德国新电影的超人之躯也随之轰然崩塌。往后，关于“德国新电影还活着”的说法，恐怕更多只是一种精气神的延续罢了。

寺山修司：

抛掉面具上街去

寺山修司（Shuji Terayama），1935年12月10日生于日本青森县，诗人、评论家、演员、电影导演、前卫戏剧代表人物。1983年因肝病去世，享年48岁。

1971年4月24日，寺山修司导演的第一部长片处女作《抛掉书本上街去》在日本上映，从此他便开始了短暂而疯狂的东瀛映画之旅。那一年，日本新浪潮运动如火如荼，大岛渚拍出了家族史诗杰作《仪式》，实相寺昭雄刚刚拍完表现主义经典《曼陀罗》，而松本俊夫已然凭借《蔷薇的葬礼》声名大振。

那一年，也是寺山修司享誉盛名的演剧实验室天井栈敷成立的第五个年头，电影行业的勃勃生机激活了寺山内心的创作欲望，于是《抛掉书本上街去》便随之应运而生，整个拍摄过程就像经历了一场伟大的实验。

与大岛渚的《青春残酷物语》一样，寺山修司这部处女作同样讲

寺山修司《抛掉书本上街去》剧照

述了一个少年的残酷成长历程。19岁的主人公抛开课堂的束缚，跑上大街去寻求所谓的自由。然而，这场疯狂恣意的青春，却夹杂着人性的黑色暗流，主人公的妹妹无辜地被一群大学足球运动员轮奸，身处现场的他内心挣扎而痛苦。或许，成长注定是一场猛烈的阵痛，少年对未来的无力、对命运的迷茫，都在这场活生生的性暴力中宣告终结。

从此，寺山修司便开始了他短暂而疯狂的导演生涯。直到47岁因肝病英年早逝，他只给后世留下了区区五部电影长片，包括《死者田园祭》《抛掉书本上街去》《上海异人娼馆》《再见箱舟》以及纪录片《录像信》。尽管他还有大量的实验短片和舞台作品，但他献给电影的时间仅有12年，着实令人唏嘘。

作为与日本新浪潮一脉相承的风格大师，寺山修司向来以他独有的实验影像享誉于世。比如在《抛掉书本上街去》中，寺山用疯狂的手持摄影配以激荡的摇滚乐，将一群少年赤裸裸地抛荒于东京街头，然后便开始了史无前例的城市大暴走，尤其以那场铁轨甩拍长镜最为登峰造极。

滤镜的运用也是寺山修司影像中必不可少的实验元素。在他著名的《死者田园祭》中，寺山以不同的颜色来区分梦境与现实，血红色的天空，黑黢黢的屋宇，呈现出人物不同的心理状态。而在《抛掉书本上街去》中，红、绿、紫等单色滤镜来回切换，与黑白影像彼此纠缠交织，则赋予了不同时空中的异色幻想以不同的颜色特质。独属于20世纪70年代的肮脏的日本街巷，人群中摇旗呐喊的时代余温，以及寺山日后惯用的超现实情色美学，将这场伟大的影像实验在表现形式上推向了极致。

让演员直视镜头同样是寺山修司的惯用伎俩，最典型的当属《死者田园祭》后半场的对酌交谈，影片叙事从故乡回忆中抽离，转而进入对现实的长吁短叹。而在《抛掉书本上街去》中，佐佐木英明扮演的主人公一次次直面观众，对着镜头或独语或呐喊或呢喃，他说：“这个世界上不管什么都是空的，聚集在这里的人也是，跟你一样为了生活什么都做。”

在影片中，我们看到日本无业青年成群游荡在街头，就像松本俊夫在《蔷薇的葬礼》中所展现的迷狂，嬉皮士们轮流吸食毒品，Peace牌香烟四处散落。有人说，这是日本战后的残酷缩影。在我看来，这却是整个世界、所有青春都注定逃脱不了的垮掉姿态。

由此，寺山镜头下的城市便始终带着一种漫无目的的迷幻气息，时而暴走，时而死寂。对此寺山绝然不是批判的态度，他自身就等同

于一个无计可施的同流者，那些疯狂流动的镜头背后的他，无疑也像嗑了药一般。只不过，寺山吸食的是艺术的毒。

情欲、乱伦、荷尔蒙、性幻想，寺山修司对日本青少年群像的身体表达同样遵循了最本能的感召。无论《上海异人娼馆》中的干柴烈火，《草迷宫》中的诡秘交媾，抑或《死者田园祭》中的隔缝窥视，寺山的情色表达永远都袒露出最狂热炽烈，又最具仪式化的一面。

在处女作《抛掉书本上街去》中，寺山以极尽幻想的超现实时空，为男主角的第一次性经验缔造了一场完美的仪式，写满书法字的白床单，灵魂绚丽的瞬间怒放，看似与世隔绝的私密视角，却又暴露出庆典般盛大的一面。对这个世界而言，少年一个人的性爱无关紧要；对

寺山修司《死者田园祭》剧照

少年自己而言，却像打开了一道人生的闸门，是成人礼，也是童年的祭奠。

堕落也不过如此。寺山修司借《抛掉书本上街去》中的少年之口，道出了日本新一代青年对未来的绝望心境。少年们的梦想，离不开愤怒，也逃不掉疲软。影片中反复出现的人力飞行器，直到最后都没有完成一次成功的飞翔，作为对梦想的绝望隐喻，寺山修司愤怒却又坦诚地暴露了他对未来的消极心态。

寺山电影中娼妓的元素也不可缺乏，且角色设置常常与母亲有关，在其关于故乡的几部杰作如《死者田园祭》《草迷宫》《再见箱舟》中，母亲作为“娼妓”的可能性，就像被镜子投射的童年，总是布满了难以触碰的阴影。

或许，所有青春期少年对女人的性幻想，总会在面对母亲时显得手足无措；即便灵魂上的娼妓往往有着超越处女的纯洁无瑕，肉体上的欲望黑洞却注定难辞其咎。

战后日本的累累伤痕，动荡不安的政治生态，就像一具畸形生长的母体，没有任何希望。正如寺山在影片中引用的安德烈·马罗尔的那句话：痛苦是不变的，变的只有希望而已。

在成为导演之前，寺山修司是一位俳句作者，还是诗人、先锋剧作家。寺山19岁获得"短歌研究"新人奖，31岁创立演剧实验室"天井栈敷"，35岁正式成为电影导演，纵贯一生仅仅完成五部长片，却以其独有的精神魅力赋予了影像永恒的时间魔力。他还曾为出版唱片写过100多首词作，与荒木经惟、森山大道等玩转前卫艺术，甚至还是位知名的赌马评论家。

倘若不是48岁英年早逝，寺山修司很可能会拍出更多令人惊叹的电影。在大师如潮、旗手不穷的日本影坛，寺山的另辟蹊径注定是成功的。在影迷们眼中，他就像一个阴郁版费里尼，他所拥有的马戏团不是靠流泪小丑为生，而是收养了一大批身形各异的怪胎畸形儿。

在日本人眼中，他无疑是"日本战后风起云涌的十二面相怪人"。寺山的古怪，带有一种末日般的颓废之美，就像他笔下的那些诗句。

假如深入研究一下寺山在各个领域的成就，我们或许会发现，你看到的并不是诗歌、小说、剧本或者电影，你看到的都只是寺山修司本身。对寺山而言，尽管艺术载体时有变迁，灵魂内核却是亘古不变的。电影作为综合艺术，无疑为寺山挚爱的诗歌和舞台提供了绝佳土壤。

回望《抛掉书本上街去》开篇，舞台黑幕中渐渐亮起的人影，成为寺山修司献给这部电影的第一个镜头。借主人公之口，寺山修司以最具诗意的方式，道尽了对电影的看法。他说，在电影院的黑暗之中，一个人孤苦伶仃。他说，有时候好像分不清电影和现实了。他说，好像所谓的电影，只能活在梦想当中啊，一旦把灯打开，电影就结束了，一切都会消失。

于是，尽管这只是第一部处女长片，寺山修司却已经开始了告别，从一开始就学会了跟电影说再见。片尾灯光骤然亮起的那一刻，所有演职人员列队站在我们面前，将黑暗中的我们强行拽出电影里的幻想世界。这样的抽离式结尾，分明就是费里尼《船续前行》结尾，抑或阿巴斯《樱桃的滋味》结尾的大师手笔。仅仅第一部电影，寺山就苦心孤诣地道尽了世间所有，简直是世间怪才，语不惊人死不休。

在我的记忆中，寺山修司的《上海异人娼馆》是一部声色犬马的虐恋之作。对于大多数国人而言，这是一个讳莫如深的旧时代命题。由于片中对旧上海的重现有违史实，曾一度被部分业内人士抨击为蓄意歪曲之作。

影片根据波琳·瑞芝小说改编，又名《O娘的故事》，而这一切孽缘都源自波德莱尔的一行诗："Sous le fouet du plaisir, ce bourreau sans merci."有人以为，全片的点睛之笔便在于片首这一行诗句："残酷的折磨，同时又伴有被鞭打的快意。"

这正契合了一部分日本人的恶劣癖好。那些藏匿在藤条、绳索背后的泄欲分子，那些痛苦并快乐着的灵与肉的双重求索，自由被禁锢，精神便遁入虚无。

这部影片的配乐都是纯中国式的，幽怨婉转，有一种高远清冽的美感。有人说，这是寺山修司在意淫中国的末世图景。寺山修司的意淫不仅通过配乐，也通过一连串原始上海的灰色调影像。电影伊始，我们看到了一系列的旧上海光景：一群光屁股的小孩爬上台阶，一个老太低头孤坐在墙角，匆忙赶路的农夫倾翻了水果车，路人纷纷哄抢……

这部《上海异人娼馆》是寺山临死前的倒数第二部作品，是对生活在旧上海春桃楼中的妓女们的一次深度扫影，全片充斥着体罚、捆绑、鞭笞、亵渎、杀戮等种种变态性行为，一如片头诗句的残酷点题。有人说，寺山修司恶意西化了上海的背景。但无可否认的是，寺山的镜头中有一股充满锐气的肆意妄为，身为先锋戏剧导演和著名的俳句诗人，他的灵气就像一抹烈日灼人的荼毒。

影片的一大噱头是男主角斯蒂芬，由德国演员克劳斯·金斯基饰演，这个一头金发的影史虐待狂，曾在沃纳·赫尔佐格的电影中多次受虐，而今在《上海异人娼馆》中则被寺山指示，不仅要自虐，而且要虐人。

影片中最让我动容的，是关于“画地为牢”的经典时刻。当女主角O第一次步入春桃楼的独立房间时，她突然体悟到一股被囚禁的忧伤：“我的房间，不，是我的地牢，爱就是我的地牢。我不是一直在寻找这种地牢吗？现在，这是一堵真正的墙呐。”而类似的困境，也始终涌动在寺山修司的一系列作品中。

1977年，寺山修司决定拍一部透明的电影。他执意暂别了他的“异色”癖好，并且彻底放弃了任何中间色的渲染，唯以纯粹的黑白两色来涂鸦他的镜头。于是，《双头女》成了寺山修司的异类，成了一幅“非异色”的电影素描。直到某一年的寺山纪念展，《双头女》更被作为寺山的代表作展映，有人说，从来不知道寺山也拍过这么干净剔透的电影。

所幸，寺山绝非纯粹的技术流，而是私己的作者型异类，他的影像里似乎永远都匿藏着无尽的恐惧和绝望，命运的暗疮如跳蚤般爬满他短暂又艰难的一生。正如人所言，寺山修司终究是一个被打压的艺术家，若非三岛由纪夫、太宰治之流被重新认知，或许犹然无人问津寺山的才华。身为诗人，寺山印证了诗人是最适于拍电影的说法，无论意象的运用抑或色彩的调配，都能恰如其分地画龙点睛；或许，诗人唯一的弊病只在于不懂叙事。

毋庸置疑的是，《双头女》是一部意象至上的电影，黑与白的冷暖对峙，肉体与影子的相互背离。这其中最重要的意象即是影子，寺山修司以那些烙印在墙上的影子来指涉过往的回忆，所谓“物是人非”大抵便是如此。

在我看来，《双头女》的存在价值绝不仅仅只是一部单纯的实验短片，它更涵括着一个偌大的艺术命题，并且这个命题从始至终萦绕着寺山毕生的创作。一如艺术家们所相信的，越干净剔透的东西，其实越是复杂难解。

从极丑处发现美，从极黑暗处发现光亮，寺山修司的创作理念便是如此。于是，《死者田园祭》探讨了远足与回归，《抛掉书本上街去》影射了青春与死亡，《上海异人娼馆》体验了欲望与人性，直到遗作《再见箱舟》，则是关于现实与幻想的疏离。

这部《双头女》同样是对现实与幻想的疏离的一场外化演示，只不过采用了“静”与“动”的对应关系。短片结束那一刻，摄影棚的全景曝光在我们眼前，女孩犹然趴在餐桌上蒙头沉思，现场的工作人员却纷涌上去，收拾掉杯盏，卸下挂钟，拧灭布光，唯剩下一簇影子在白色墙幕上晃动。或许，你该去戳一下那个趴在餐桌上的女孩，你会发现，其实她也是影子。

死掉才自由，恐怕是每个艺术家直面灵魂深处的写照。或许，艺术真正的自由，从来不是必须去完成什么，而是进行到哪里就是哪里。1983年，寺山修司因肝病去世，但他留给后世的故事太多，仿佛还活着一般。就像寺山修司所笃信的，那些在《死者田园祭》里被埋葬的阴魂，总有某些时刻会还魂归来，填补世间的记忆。

寺山生前，与他合作过的艺术家数不胜数，森山大道那本震惊摄影圈的《日本剧场写真》，就是由寺山修司亲笔题诗的，两人还合写过一本长篇小说《啊，荒野》。在寺山修司拍出《抛掉书本上街去》的很多年以后，森山大道也写了一本致敬之书《上街去吧！——森山大道的街拍意见》。

除此之外，还有设计大师横尾忠、插画泰斗宇野亚喜良、摄影师荒木经惟、导演筱田正浩、美术家粟津洁、剧作家东由多加等都与之有过合作，用日本人常说的一个词来形容他们之间的关系，就是：羁绊。

艺术家之间的羁绊，从来都是超现实的，并没有什么彻底的死亡。而“抛掉书本上街去”那样的自由，尽管只是电影所赋予的暂时欢愉，却已然足够许多人铭记很久很久，就像铭记那个“扛起摄影机到大街上去”的迷影时代一样。

费里尼：

小丑，马戏团的眼泪

费德里科·费里尼（Federico Fellini），1920年1月20日出生于意大利里米尼市，意大利电影导演、编剧、制作人。
1993年10月30日，费里尼病逝，意大利为其举行国葬，联合国教科文组织专门铸造了费德里科·费里尼勋章。

想做小丑，在很多人看来是个笑话，但却是我深藏多年的伟大梦想。那一身鼻尖描红、嘴角上扬、八字眉、黑眼圈、长睫毛的小丑装束，曾经托付给意大利的费里尼一个自由造梦的童年，也在很长一段时间里，成为我热爱马戏团的重要原因。小丑，就像马戏团的眼泪。

有人曾说，假如费里尼当年没有成为导演，他可能会成为意大利最伟大的小丑。费里尼7岁的时候，就曾数次偷溜出家门，跟着马戏团去流浪。这段童年时期的梦幻经历，40年后被他拍进纪录片《小丑》中。那是1970年的意大利，马戏团文化并不景气，即便费里尼始终笃信“小丑艺术从来不死”，他也不得不面对马戏团渐趋没落的事实。原本以“带给世人欢乐”为使命的马戏团，因为费里尼的电影，让更多人看到了其孤独的一面。

费里尼经典名作《大路》中的流泪小丑马托，是影史上我个人最爱的小丑角色。很长一段时间，我常以流泪小丑自喻，甚至暗自觉得，这个世界就像一座巨大的马戏团，而每个人都是戴着面具的小丑。我常常想不通，以欢乐之名诞生的小丑，为何会流泪呢？尽管费里尼的电影多少告诉我一些答案，但我始终觉得好奇，在漫长的马戏团历史上，究竟是谁第一个尝试了在眼角画上眼泪的悲伤小丑角色呢？直到某一天，我在欧洲遇见了一座现实中的马戏团，才真正有了感同身受的领悟。

在欧洲旅行期间，我并没有去意大利，但是非常意外地在西班牙巴塞罗那遇见了那座马戏团。夜游绝美的巴萨城，我就像一个异国小丑寻找着故乡的影子。在哥伦布大道靠海的一侧，我竟然见到了那座传说中的马戏团，它仿佛就在那里等我。遗憾的是，最后一场马戏表演早已落幕。于是，我便循着彩色霓虹激动地绕围栏转了好几圈，快乐地想象着流泪小丑、大力士、奇形异人和杂耍。如此巧遇，就像做梦一般。天亮梦醒，我知道，所有马戏团都指向费里尼。在我的电影记忆里，费里尼《大路》中的那辆大篷车，便是世间所有马戏团的微缩雏形。

从欧洲回来，我冲洗了一张马戏团的照片，夹在费里尼的《梦书》中。那一页，费里尼记录了他曾经做过的一个非常残酷的梦。那是刚刚拍完《朱丽叶与魔鬼》的1965年，费里尼梦见一头失明的大象要在马戏团帐篷里被当众宰杀。他梦见大象被死死捆住，一群人按住它的大耳朵，巨大的锤子击中大象的前额。这场不安的梦魇，笼罩了他很久很久。童年时，费里尼眼中的马戏团还是五彩斑斓的；但随着年岁渐长，马戏团就像不断褪色的老照片，越来越成为伤心之忆，让人无比留恋却又无比伤心。

常有人问我，你最爱的电影是什么？每次我脑海蹦出的第一个答案，都是费里尼拍于新现实主义时期的《大路》，这个答案十几年来都不曾变过。作为曾经三次捧得奥斯卡最佳外语片的意大利电影大师，他当然有更伟大的杰作，比如《甜蜜的生活》，比如《八部半》。但在我心目中，拍于1954年的《大路》永远是最灵魂剔透的一部。夸张点说，恐怕再也没有哪部电影能比《大路》更加真挚动人。

偶然翻看费里尼的自传《我是个说谎者》，我才知道《大路》是费里尼献给他的妻子朱丽叶塔·玛西娜的礼物，这也是两人结婚十周年的最美见证。玛西娜在影片中扮演的女小丑杰索米娜，堪称影史上最惹人心疼的角色之一。据说，当年很多意大利观众看完《大路》后，都哭得泣不成声，为杰索米娜孤苦伶仃的命运而哀叹。时隔半个多世纪，我们也依然逃不过这场献给“小丑之死”的眼泪。

在影片《大路》中，空有一身肌肉的藏巴诺，又何尝不是行尸走肉般的可怜虫。闯荡江湖多年的他，自以为是江湖老手，却终究不过是铁石心肠的世俗莽夫。他的胸肌固然能挣脱粗硕的铁链，却永远感受不到杰索米娜善美的爱。

在小酒馆里，藏巴诺跟老板炫耀说，杰索米娜是他的妻子，那一刻，杰索米娜笑得多开心。然而，当丰乳肥臀的妓女一出现，藏巴诺便丢下杰索米娜，带着妓女去田野里鬼混。杰索米娜反反复复对自己说：“如果我离开了，你怎么办？”于是，她逃开了又回来，被丢弃了也不肯死心，始终义无反顾地守着大篷车，守着并不爱她的男人。但幸福不属于她，包括真心爱她的小丑马托，她也要眼睁睁地看着他被藏巴诺打死。

那个背着翅膀走钢丝的小丑马托，真的是上帝赐给她的天使吗？他告诉她，杰索米娜，你的脸很好笑。她自卑了一下，旋即又觉得幸福。他对她说，这世上的每一件东西都很有用，甚至小石头也很有用。她谨记于心，开始感受到自己的价值。

或许每一个小丑都很孤独，但他们心灵相通，看似力量微弱，却有着强大的灵魂。然而，让人难过的是，小丑马托走完钢丝、初遇杰索米娜那一刻的悲伤回眸，就已然注定这是一场宿命的悲剧。而在我的妄想中，小丑马托眼角的那一滴眼泪，便是三年后出现在《卡比利亚之夜》结尾的那一滴。

几乎难以想象，假如不是由朱丽叶塔·玛西娜扮演杰索米娜，《大路》会是什么模样。伟大的费里尼从妻子玛西娜身上找到了小丑纤弱的灵魂，而玛西娜也无疑贡献了最打动人心的伟大表演。有人说，倘若不是因为费里尼，玛西娜可能一辈子都不会遇见杰索米娜这样动人的角色，她只有在费里尼的电影里才会如此闪闪发光。但我想说，倘若没有玛西娜的存在，或许费里尼永远也拍不出《大路》这样的电影。作为意大利影史上最相濡以沫的夫妻档，费里尼与玛西娜的合作关系，就像小津之于原节子、卡里娜之于戈达尔、罗西里尼之于英格丽·褒曼、伊丹十三之于宫本信子。

然而，诞生于意大利新现实主义盛行时期的《大路》，也曾遭遇过评论界的口诛笔伐，认为这是一部不符合新现实主义规则的反叛之作。相比《偷自行车的人》《大地在波动》等标志性的新现实主义力作，显然费里尼从一开始就选择了一条更远的路径，或者说更指向于未来。所幸，安德烈·巴赞支援了他，甚至给予他极高的评价，他认为“把费里尼开除出新现实主义的企图是荒唐可笑的……他的写实主义始终是个人化的，就像契诃夫或陀思妥耶夫斯基的作品一样”。而费里尼自身也对新现实主义有着更深刻的理解，按他的话说，“新现实不光需要拥抱社会现实，还需要拥抱精神现实，形而上现实，所有发生在人内心的现实……换言之，所有的东西都可以是现实主义的，在想象和现实之间，我看不到明确的界限。”

继《大路》之后，费里尼又连续拍了《骗子》和《卡比利亚之夜》，被后世称为费里尼“孤独三部曲”。假如说《大路》的成功只是玛西娜的本色出演，那《卡比利亚之夜》中的表演则无疑真正奠定了朱丽叶塔·玛西娜作为伟大女演员的地位。费里尼用镜头书写了罗马城的日与夜，书写了妓女卡比利亚的一生。

我们深知，罗马不是一天建成的，卡比利亚的命运同样如此。即便身为妓女，玛西娜的身上依然戒不掉杰索米娜式的纯真与善良；她辗转于不同男人之间，为爱倾尽所有，却始终居无定所、无依无靠，逃不过寂寞的命运。有人说，她是“银幕上永远的浪荡儿”，正如生活中的她，也永远都不谙世故，像孩子一样天真无瑕。她是影史上鲜有的充满灵性的女演员，自从被《大路》打通表演脉门后，她的身体里不断迸发出更大的表演潜能。然而，在身为丈夫的费里尼导演面前，她始终甘愿做一个躲在保护伞下的小女人。殊不知，假如没有她这个灵感缪斯的加持，费里尼那些伟大的电影又将褪去多少神迹时刻。

那一年，玛西娜凭借《卡比利亚之夜》成为第10届戛纳电影节影后，而奥斯卡最佳外语片的橄榄枝也同样抛给了这部不朽的杰作。当

费里尼《大路》剧照

全世界的观众们看着悲伤的卡比利亚融入狂欢的队伍，仿佛所有人都共同经历了那个暗潮涌动的夜晚。那一刻，她眼角闪着泪花，却像小丑一样露出微笑。

我曾经常常诧异，生性热衷大胸脯女人的费里尼，当年为何会娶瘦弱矮小的玛西娜为妻。众所周知，费里尼的学生时代，正如他在《阿玛柯德》中所呈现的，他总是想象有一个丰乳肥臀的女人穿过空荡荡的广场，抑或在黑洞洞的电影院里与她幽会，海边滚烫的礁石更是他们发泄春梦的圣地。直到很多年以后，重看《大路》和《卡比利亚之夜》的时候，我才恍然明白，在费里尼大师心中，玛西娜是命运赐给他的如此珍贵的礼物。精灵一般美好的玛西娜，谁能赢得她的心，就像赢得了全世界。而我也始终相信，真正善美的灵魂确乎能改变许多原本“冥顽”的事物，包括一个导演对女人的品味，包括庸俗的世人对真正演技派演员的定位。

1993年10月31日，费里尼病逝于罗马城中，意大利为他举行了国葬。那一年，我年仅7岁，正是小费里尼梦想成为小丑、跟着马戏团去流浪的年纪。当年幼小的我，断然不会想到自己会在很多年以后迷上这位电影大师，并且视他为伟大的偶像。

费里尼导演去世4个多月后，伤心欲绝的玛西娜也因肺癌匆匆离世。她说，我要去天堂和费德里科一起过复活节。应玛西娜弥留之际的要求，小号手毛罗·莫尔（Mauro Maur）在玛西娜的葬礼上扮演《大路》中的小丑杰索米娜，为她奏响最后一曲挽歌。和费里尼一起拍电影的时光，是她生命中最快乐的日子，而人世间最难以忍受的煎熬，是相爱的人无法同生共死。最终，费里尼、玛西娜和他们半路夭折的孩子 Pierfederico，被合葬于费里尼家乡里米尼的公墓中。在他们的墓碑旁，矗立着一座船头造型的雕塑，让人想起《船续前行》和《阿玛柯德》中的那艘大船。曾经辉煌的电影梦，终于入土为安。

回首费里尼创作巅峰时期最重要的三部电影，分别是拍于1960年的《甜蜜的生活》、1963年的《八部半》，以及1973年的《阿玛柯德》。时隔那么多年，这三部电影依然是各种权威榜单中的常客。而其中最伟大的一部，无疑是《八部半》，难以解读，却熠熠生辉。

这是费里尼与马斯楚安尼的第二次合作。继《甜蜜的生活》之后，马斯楚安尼再次成为费里尼镜头下的困惑者，经历创作危机和生活困境，徘徊于现实、回忆、幻觉、梦境和恐惧不安的想象之中。有人说，《八部半》是费里尼之前所有电影的终点，也是他之后所有电影的源头。它就像一个巨大的蓄水池，将费里尼电影中的所有人物浸泡其中，纠缠成一曲艰涩而伟大的意识流狂想。不同于《女人城》中的费

费里尼《甜蜜的生活》剧照

里尼式春梦，《八部半》更指向精神内核。

时隔多年，我依然记得片中那场旷世奇观般的大堵车，依然记得那幕如风筝般跌落的梦魇，也依然动容于影片最后所有人手拉手跳舞的狂欢时刻。这个世界上，纵然有再难跨越的沟壑，也不能忘记生而为人的欢愉。

而费里尼对于故乡"阿玛柯德"桥段式的遐想，则更多源自童年的回忆。于是"阿玛柯德"便成了"回忆"的代名词。《阿玛柯德》全片幽默诙谐逗人发笑，却依然无可回避地弥漫着浓郁的乡愁。

作为费里尼的又一部半自传式电影，《阿玛柯德》中始终透着一股彩色画卷般的喜感，这与其之前《八部半》中的深涩隐晦是迥然不同的。那是大师魂牵梦萦的故乡，里米尼，一个盛产大胸脯女人的意大利小镇。小镇中的广场、街道、电影院、乡村、海港，像一枚枚20世纪30年代的建筑物标签，再加以人物的演绎，便勾勒出一幅反映人生百态的"浮世绘"全景图。

影片中最具怀旧色彩的一幕可隐喻为"虚妄的梦想"，少年们挤在人群中，看一艘美国大船驶过海港。镜头一格格掠过欢呼的人群，恍如陷入到一个时代的迷狂中。唯有费里尼，兀自看到了那些藏匿于"美国梦"背后的黑压压的影子。于是，看完大船归去的少年走失在浓得化不开的大雾里；也终于得以道出那句影响我很多年的台词：雾这么大，你要去哪里？这一桥段，后来成为众导演诠释残酷梦想的最佳范本。

曾经看《八部半》看到抓狂，使我不敢再轻易触碰费里尼那方思维的圣土。许多年之后，我才逐渐明白，大师确是大师，但又何尝不是孩子？童年给予你我的"玩具"都是美好的，或喜悦，或悲伤，却都能在记忆长河中闪烁，就像冬日之光下漫天飞扬的马勃菌，就像祖母裙兜里甜甜的糖果。

2015年1月11日清晨，83岁的安妮塔·艾克伯格在罗马去世。这位曾经闪耀于费里尼电影中的性感女神，也终被安葬于罗马之城。仿佛一个故事终于讲完了，只剩下罗马留给我们的最后一点瞬息的声响。有人说，那一刻，除了死亡，她身无分文。电影之外的安妮塔，似乎早已与电影无关。尤其是在费里尼去世那么多年以后，很多人恐怕早已想不起那场夜晚的舞会，想不起黑沉沉的罗马大教堂，更想不起安妮塔踏身而入的那一座许愿池。

回望1960年，费里尼40岁，拍出了《甜蜜的生活》。在当年被情色明星大肆占领的戛纳电影节上，他不无自豪地拿下了金棕榈大奖。如今想来，当年奢靡浪荡的戛纳海滩早已风流不再，唯独《甜蜜的生活》却愈发历久弥新。正如我个人对这部电影的品读，它看似甜蜜，却实在苦涩；看似狂欢，却处处孤独。就像一场世纪轮回的秉烛夜游，转完一圈，罗马老了，而你也随之白发苍苍。

我向来相信狂欢之后的孤独落幕，因为这是费里尼告诉我的。但我一如既往地不愿相信甜蜜背后唯有漫漫长夜。只是，长夜从不曾迁就任何人，就像时间，只有靠自己的心去丈量它的长度。

在费里尼的电影里，每一场狂欢过后都有人垂头丧气，就像马戏团告别小丑，就像罗马告别白天。但时过境迁之后，当我们都学会了承受，我才发现，悲剧更伟大，也更有力量。于是，在空空荡荡的马戏团里，我看见了巨大的鲸鱼游弋的影子；而在黑暗无光的罗马之夜，我则有幸看见了安妮塔·艾克伯格。往日里常有人跟我说，《八部半》

里丰乳肥臀的海边妓女，弥补了大海作为母体的象征意义。而在《甜蜜的生活》中，安妮塔·艾克伯格的存在，也早已成为我心目中的罗马古城的母体象征。

安妮塔去世这一天，离马斯楚安尼去世已经过去了19年，离费里尼去世也已有22个年头了。安妮塔，这个奇妙的瑞典女人，诞生在遥远的瑞典第三大城市马尔默，甚至有幸当选过"瑞典小姐"。是啊，她或许理应以瑞典为故乡，就像伯格曼镜头下的那些女人们一样。

然而，自从跟随费里尼拍完《甜蜜的生活》后，安妮塔仿佛就在一夜之间变成了罗马人；而罗马，也似乎渐渐地成为了安妮塔的内心的故乡。这个性感的罗马女神，她从费里尼的一场喧哗的狂欢里走出，走进罗马黑漆漆的石板铺就的暗巷。她在冥冥的黑暗中摸索到那只流落街头的白猫，就像多年后，费里尼的电影摸索到我们的心底。

那一刻，安妮塔头顶着流浪猫走在罗马的黑暗里。她成为罗马灵魂里的一部分，或者说，那一刻的她，是唯一真正拥抱住罗马夜色的幸运的女人。而罗马的夜色，也如古老的馈赠一般，揉进她丰满的身体里，成为一种永恒的本质。

直到安妮塔·艾克伯格步入罗马许愿池，影史终于诞生了又一幕神迹时刻，它几乎影响了整个20世纪六七十年代的意大利电影，甚至至今仍让影迷们顶礼膜拜。那也曾使我笃信，安妮塔就是为罗马而存在的一个化身，她注定将属于罗马，只且属于罗马。她似乎从来都不属于瑞典，也不属于罗马之外的意大利。在我眼中，她一辈子只活在一部电影里就足够了。正如我一直想说的："罗马，我是你曾经抱过的那只猫。"

小津安二郎：

世界上最伟大的宅男

小津安二郎(Yasujiro Ozu)，1903年12月12日生于日本东京，电影导演、编剧。
1963年12月12日，小津安二郎因癌症病逝，享年60岁。

假如说，小津安二郎导演是世界上最伟大的宅男，那么原节子便是世界上最伟大的宅女。低调而耀眼、散发着菩萨女神般光芒的原节子，无疑是小津电影里永远的女儿，就像笠智众是小津电影里永远的父亲一样。父亲尚在世，女儿要出嫁，便是小津永恒而伟大的家庭命题与美学命脉。

小津，笠智众，原节子，是我们对小津电影雷打不动的美好记忆；三个人就像日本影坛的物语铁三角，几十年如一日地盘腿坐在榻榻米上，时而浅笑，时而抽泣，道尽悲喜，诉尽衷肠。我曾调侃说，他们仨就像那架经过小津改造的世界上最低的三脚架，缺一脚都不可。

1963年12月12日，小津安二郎去世，我们相信还有笠智众和原节子。1993年3月6日，笠智众去世，我们相信还有原节子作为最后的守宅人。直到原节子去世，我们也终于是时候来告别小津的宅子，我们还要去赶火车。

我至今还记得，原节子去世那一年的夏天，我和朋友去东京镰仓凭吊小津先生。在圆觉寺内，要想顺利找到小津的"无"字碑并不容易。几经周折，终于如愿在山坡一侧找到这块影史上最著名的墓碑，碑前有很多清酒和花束，还有影迷写给小津的心愿，用酒瓶压着。小津的墓碑对面，是木下惠介导演的墓碑，两位大师隔道相对，彼此沉寂。

小津电影里的演员，从来都是定性的，无论男人、女人，他们的每一个角色都像是一个模子刻出来似的。对于不了解小津的人来说，多有"千篇一律"之嫌；但在小津的影迷们眼里，正是这种不同时代的角色间的对话与互文关系，才使小津成为一个完整的小津，如此克制、醇厚、隽永，带着东方导演所特有的电影美学。

相较于成濑巳喜男导演力求演员自然流畅地表演，小津则会要求演员字句落实，步步到位，还要把握好语速、语调、间隔、节奏等等。正如小津自己所打趣的，我是开豆腐店的，我只做豆腐。小津"打磨"电影，着实就像豆腐师傅做豆腐一样。于是，在演员选择上，小津同样执守着自己的原则。除了一辈子父亲形象不变的笠智众之外，原节子、田中绢代、杉村春子、饭田蝶子等女演员，也都是以一成不变的女性形象为我们所熟识。至于其他男性角色，尽管无须像主角们那样恪守惯有的表演模式，但从小津的整个作品序列而言，他们同样也是一组前赴后继、足以被归类的银幕形象。

笠智众，这位小津电影里不动声色的父亲，注定也是日本电影“永远的父亲”，正如朗雄象征着中国台湾电影的“父亲形象”一样。在小津的电影里，笠智众总是叫周吉或者平山，他就像一块内敛隐忍的活化石，一如既往地微笑着，看似气定神闲，却又尽是孤独。

1926年，笠智众踏足松竹电影，成为一名职业演员，默默穿行于不同片场。数年后，小津安二郎从一大批龙套演员中发掘了他。于是笠智众顺利入驻《年轻的日子》片场，两人从此开始了长达一辈子的合作。直到很多年后，我们依然在揣测小津缘何偏偏看中笠智众，而不是其他任何演员。在大多数人看来，笠智众如此朴实无华、寡言少语，长相瘦削老成，毫无出众之处，他甚至拒绝演哭戏。小津自己也曾说，笠智众无疑是他电影里最笨的演员。但细想来，小津选择笠智众的答案注定也只有一个，笠智众就像世界上的另一个小津。出演一辈子父亲角色的笠智众，当他在小津电影里慢慢变老的同时，我们也总会有一种笃定的妄想：终究，笠智众才是小津最好的代言人啊。

在笠智众口中，他永远将小津尊称为“老师”。他总是频频出没于小津的片场，与摄影师、道具师们混在一处。演戏之余，他自己时常成为片场的得力帮手。显而易见，笠智众是对小津最言听计从的演员，尽管在外人看来他更是德高望重的“父亲”。唯独有一条，笠智众从来不在电影里哭，这是他既定的个人原则。比如在《晚春》结尾处，剧本需要笠智众哭一场，但他坚持拒绝，只以沉默示众。无独有偶，在《东京物语》的结尾，他也只是伛偻着背，最多默默地叹息几声，不痛不痒地说着“是啊，这样啊”之类的话。直到小津的遗作《秋刀鱼之味》，他除了不停地给自己灌清酒，依旧不肯掉一滴眼泪。当年看来如此不近人情的表现方式，时过境迁后却演变为一种受人敬重的独特风格。果然，时间是一种神奇的沉淀。小津电影里惯有的从容淡定，无疑也该有笠智众的一半功劳。

而今再回想《晚春》结尾处，当女儿的送嫁队伍渐行渐远，笠智众饰演的父亲周吉重回屋中，一个人默默地坐下来叹息，继而又拿起苹果细细地削起来。女儿出嫁，明明是值得高兴的事，可是手却抖得厉害。那一刻，莫名的孤独感油然而生。而笠智众“削苹果”也自此成为了小津电影中永远绕不过去的经典场景。再后来我才知道，笠智众比小津还大了一岁，但在其口中却兀自称小津为“父亲”。我们固然无从体味这份至深的情感，但在那沉默的光亮中，总有一种洞彻身心的凝望，从来都不曾散去过。

在文德斯导演的纪录片《寻找小津》中，笠智众最后一次以小津式的父亲形象亮相。在文德斯的镜头前，笠智众目光炯炯地盘坐在地，时而仰望，时而寻思。他还是一如既往的沉默而平和，依然寡言少语，波澜不惊。然而，在他长时间的沉默里，却再也没有小津的空镜头来填补。这样的沉默，正如小津对自己一生的界定：无。

除了笠智众这位“永远的父亲”外，小津电影里还有一位“永远的女儿”，原节子。正如那

小津安二郎《东京物语》剧照

句笑话所说，小津安二郎的电影分两半，一半属于原节子们，另一半属于笠智众以及几个可有可无的男人。在小津心目中，原节子无疑是“日本最好的电影女星”，这份银幕之情的分量是格外珍贵的。

1949年，原节子与小津合作的第一部电影《晚春》大获成功，还在当年名列《电影旬报》第一名。而对于那些早前风传“原节子演技差”的导演们，小津也由衷地表达了自己的愤怒，他甚至说，那些嫌弃原节子的导演，是“暴露出自己的识人不清，没发现过真正会演戏的演员”。所幸，原节子也没有辜负小津的期望，在《秋日和》《东京物语》《麦秋》等作品中，同样贡献了纯洁、温婉的女儿形象。犹记得千禧年之际，在《电影旬报》“20世纪最伟大的日本女演员”评选中，原节子位列第一，力克同台竞技的田中绢代、高峰秀子、山田五十铃等劲敌，这无疑是一份莫大的荣耀。

《晚春》，作为小津导演生涯的分水岭之作，更像是一场隽永的传奇。正是从这一年起，编剧野田高梧成为了小津日后的终生御用拍档，为小津电影奠下了“嫁女”与“离父”的永恒基调。而原节子与笠智众，也从此成为了“永远的女儿”与“永远的父亲”，至死不渝地静坐在小津的榻榻米上，抑或微笑，抑或叹息。奇妙的是，小津后来的女主角们，包括岩下志麻、新竹三千代等，但凡在小津电影里演女儿的，都再也逃不开1949年原节子的影子，而这一切的罪魁祸首便是《晚春》。换句话说，小津“一辈子只拍一部电影”的纯洁理想，从《晚春》诞生的那一年，便从容地开始了。

在日本影坛，几乎所有人眼里的原节子都是神圣的存在，除了“女儿”之称，他还是众人眼中的“贞女”“圣女”。然而，原节子自己却从来不曾将自己神化，她仿佛也沾染了笠智众的淡泊名利，甚至

小津安二郎《晚春》剧照

不视电影为艺术，而仅以演员职业为饱食之依。细想来，原节子真正吸引小津的地方，也正在于此。在1962年拍完稻垣浩导演的《忠臣藏》后，原节子低调宣布息影。直到1963年小津导演的葬礼上，她才最后一次出现在公众面前，之后再也不曾露面，仅独自一人隐居在镰仓。于是，原节子一辈子未嫁，而小津一辈子未娶。

相比于温婉大方、善解人意的原节子，小津电影里的另一位女演员则要个性得多，她就是田中绢代。终其一生，田中绢代共拍摄了250多部电影，横跨默片和有声片两个时代，一度被誉为“日本性格女演员的活字典”。从1929年的《我毕业了，但……》开始，田中绢代的面容便时时出现在小津电影里。随后是1932年的《青春之梦今何在》，作为小津早期的半自传式青春片，田中绢代在镜头前俏皮可爱，尽显轻喜剧的风采。直到1933年，小津开始思考自己未来的走向，其标签式的创作风格亦初现端倪。于是，田中绢代出现在了迷宫一般的《东京之女》中，故事的结局也变成了悲剧。这一次，小津不再单纯模仿自己的偶像刘别谦，而是将刘别谦放进了电影院的大银幕，看似致敬，也似告别。

1948年的《风中的母鸡》，是田中绢代与小津最重要的一次合作，她在影片中演了一位遭遇丈夫家暴的妻子，演技可嘉。尽管在小津看来，《风中的母鸡》仅仅是一部"对自己最没帮助的失败之作"，但终究为田中绢代赢得了当年"每日映画"电影竞赛奖的最佳女主角。可以说，正是小津一手捧红了田中绢代。随后那些年，田中绢代更多地出现在沟口健二与木下惠介的电影里，红极一时。志气甚高的她，甚至还当起导演，拍出了《恋文》《月升中天》等佳作。也正因此，小津与田中绢代的合作自1958年的《彼岸花》之后，便早早结束了。

作为日本影坛的黄金配角，杉村春子无疑也是导演们的挚爱，一度被誉为日本女演员中的"三绝"之一，与水谷八重子、山田五十铃齐名。纵观杉村春子六十年从影生涯，她与小津导演的合作次数着实不少，从1949年的《晚春》到1962年的《秋刀鱼之味》，两人共合作过十余次，仅次于笠智众。在《晚春》中，杉村春子饰演了纪子的姑姑，与父亲周吉一样，她同样关切着纪子的婚事。往后，她又化身为《东京物语》中开美容店的二女儿繁，困扰于父母前来东京探亲的行程。而在《浮草》中，她则化身为志摩半岛小镇上的女子阿芳，与歌舞伎艺人岚驹十郎共育一子。无疑，在杉村春子身上，小津同样捕捉到了难得的女性之美，她并不美丽，却温柔淑良，带有一种与生俱来的妻母之性。回想1951年的《麦秋》，杉村春子正是凭借着这份光辉，赢得了当年的蓝丝带最佳女配角奖。

在小津电影创作生涯的最后几年里，他还着重发掘了另一位女演员，岩下志麻。她曾在小津的文章中被夸奖为“十年才出一个的纯情类型”，也正是如此，两人才有了《秋日和》的首度合作，以及后来小津的遗作《秋刀鱼之味》。在《秋日和》中，岩下的戏份很少，但小津却不无意外地捕捉到了她身上的表演才华，直言要好好培养她。于是，《秋刀鱼之味》中的岩下便成了“永远的女儿”，取代了原节子的角色，并与“父亲”笠智众有了一次伟大的搭戏。那一年，21岁的岩下美丽而安静。倘若小津不曾早早去世，她或许会成为“原节子第二”也说不定。往后，岩下与筱田正浩的数十年合作，也是一段影史佳话。

佐分利信与佐田启二是小津电影中必不可少的两位男演员。佐分利信惯常出演丈夫角色，无论在《彼岸花》中，抑或《茶泡饭之味》中，他都享有着作为丈夫的话语权，尽管在小津电影里，男性话语权总是微弱得不值一提。而佐田启二，则一度被称为“松竹战后三羽鸟”之一，与高桥贞二、鹤田浩二齐名。1959年的《早安》是他初次出演小津电影，这是小津晚期作品中少有的喜剧，而后的《秋日和》与《秋刀鱼之味》中，我们也能看到佐田启二的身影。相较于佐分利信，佐田启二是小津男演员中更年轻的一辈。

除此之外，静坐于小津影像中的男人、女人们还有很多，比如在《长屋绅士录》中光彩夺目的饭田蝶子，比如小津早期喜剧中永远的“喜八”坂本武，再比如《秋日和》中被小津夸奖为“纯情”的岩下志麻，此外还有斋藤达雄、三宅邦子、冈田茉莉子、淡岛千景等。他们都曾不动声色地凝神静坐在小津的镜头前，拿捏着小津的台词，操持着各自的微笑与悲伤。值得一提的是，成濑巳喜男导演的御用女主角高峰秀子，也曾与小津有过两次合作，一次是《宗方姐妹》，另一次是《东京合唱》。后来，高峰秀子还在自传中详述了小津让她在片场“吐舌头”的趣事。

小津的电影中除了爱拍火车，也爱拍小孩。在1932年的杰作《我出生了，但……》中，小津就拍了两个八九岁男孩“拼爹”的故事。他们发现，在家备受敬爱的父亲，在外却对老板点头哈腰。于是，大人与小孩的世界各自上演起不同的权力游戏。从此，小津的喜剧开始变得深刻而非凡，这也加速了他对世界的思考。犹记得贾樟柯曾在解读《我出生了，但……》时说过，当两个小孩儿失去纯真的时候，电影就不再是单纯的喜剧了。

1942年的《父亲在世时》同样为人称道。继《独生子》的母子相依之后，这一回，小津玩起了父子相依。年轻的笠智众扮演父亲，为了自己的教学事业，他把年幼的儿子放在乡间的学校寄宿。影片中的小孩令人印象深刻，他问父亲，人生在世，当亲情不可依赖，还有什么理由值得生存下去呢？最后，父亲为儿子找到了答案，但儿子的委屈却是一生一世的。有人分析说，小津的童年阴影以及他长大后不愿娶妻生子的缘由，或许由此可见一斑。

在小津后期作品中，1959年的《早安》无疑是不常见的一部小津喜剧。《早安》中那两个总是嚷着“要买电视机”的小孩同样令人印象至深。这一次，幽默的小津玩起了小孩子的反抗哲学。对知识分子家庭而言，电视或许并不重要，但在孩子们眼里却又是如此必不可缺。大人们从孩子的坚守中又看到了什么呢？大人们的爱与恨孩子们自然是不会懂的，就像大人们同样也不会明白是什么力量支撑着孩子们的坚守。

尽管时隔多年，我依然常想起《东京物语》里一起赏月的两个老人。70岁的周吉和67岁的老伴富子离开小城尾道，辗转东京，又被儿女遣往热海。老夫妇住在女儿给他们安排的廉价旅馆里，每晚都被隔壁的麻将声、唱歌声吵得睡不好。

东京之行结束，老太太就去世了。儿女们蜂拥而至，遗产随即被瓜分。这或许便是小津害怕成家的缘故吧，他害怕他的电影被撕成碎片。人与人之间的距离奇怪得妙不可言，不是极远，亦非极近，如云卷云舒，似潮起潮落，正像周吉心头的结。影片结尾处，他望着最后留下来照料自己的纪子，感慨万分："真奇怪……比起我们生养的孩子来，你算是外人呐，可你却比他们对我更好……啊，谢谢你了！"那一刻，我也很想对小津说，谢谢你。

小津安二郎《秋刀鱼之味》剧照

蔡明亮：

郊游者的“慢”世界

蔡明亮，1957年10月27日出生于马来西亚，毕业于台湾中国文化大学，专修电影与戏剧。中国台湾影视导演、编剧。

我曾经以为，假如这辈子不去一趟台湾，可能永远都没有机会碰到蔡明亮。没想到，这个早已被列入“有生之年系列”的愿望，竟然早早地实现了。2016年底，为了看蔡明亮的“无无眠”大展，我从北京飞去厦门，参加了首届双栖影展，并经历了一场夜宿美术馆的奇幻之旅。那三个如梦般的夜晚，我们一大群影迷围聚在厦门三影堂偌大的空间里，听蔡明亮唱经典老歌，陪李康生一起跨年。

时过境迁，蔡明亮终于“慢”出名了。从1994年《爱情万岁》擒获金狮，到2013年《郊游》献礼金马，蔡明亮整整“慢”了二十余年，如同一场艰难而笃定的长途跋涉。一切正如他自己所言，慢很美，就像老也很美一样。而在金马奖领奖台上，蔡明亮和“永远的男主角”

李康生，更是象征性地诠释了一次“慢”的真谛。那一刻，他高举影帝奖杯长达几秒钟，继而一脸认真地说，这不是电视机坏掉，这是导演的风格。

那一刻，45岁的李康生，也终于从蔡明亮长达二十年的长镜头中熬出了头。那一夜，对蔡明亮和李康生来说，无疑是一场莫大的惊喜。正如蔡明亮先前在威尼斯获奖后所言：“如果《郊游》是最后一部作品，我也非常满足，我做了十部长片，每一部都是杰作，我没有浪费任何一次拍电影的机会。”

在这商业如潮的“快”时代里，蔡明亮的“慢”世界总是显得如此清醒，清醒得令太多人自惭形秽，他甚至拒绝让《郊游》上台湾院线，更愿意在博物馆或美术馆将其做艺术展映。《郊游》依然是一部几乎没有故事的电影。影片中，李康生饰演的父亲以举广告牌维生，生活寸步难行，他唯有带着两个孩子一同“郊游”。他们在公厕洗漱、在路边吃盒饭、在暴雨中徒行，而所谓的家也仅是一片废墟，唯有破旧的床垫是他们最后的栖息之地。与其说是“郊游”，不如说是一场饥饿的流浪。

相比蔡明亮之前的电影，《郊游》无疑是最绝望的一次。多年前，《爱情万岁》里杨贵媚长达6分钟的哭戏犹然烙印于心，这一次在《郊游》中却换成了李康生来哭，哭了不止一次，还迎风含泪唱了一曲岳飞的《满江红》，“怒发冲冠，凭阑处、潇潇雨歇……三十功名尘与土……”，唱得人心有戚戚。

另有一场吃戏，剧本上只有“小康吃高丽菜”几个字，李康生便唯有投入丰富的情感，“把高丽菜当成生命”来吃，而蔡明亮的长镜头，则始终岿然不动地记录下了这一残酷时刻。蔡明亮后来说，李康生是用20年的时间来吃高丽菜，这不是单纯的表演，已经成为我影片的特别意义。

蔡明亮相信，“慢”能够让人重回宁静、重见自由，并重新审视灵魂的深处。而世间之悲喜轮回似乎也都蕴藏于“慢”中。回首2012年，蔡明亮曾一鼓作气拍出“僧人行走四部曲”，包括《行者》《梦游》《金刚经》与《无色》，其中《行者》更是以“大师微电影”的名义爆红于网络。这一刻，蔡明亮便是城市废墟中的沉默行者，一袭袈裟，大隐隐于市。

正如人所言，越看蔡明亮的面相，越觉得他的心里似乎住着一尊佛，从他日渐厚重的耳垂便可见一斑。蔡明亮还曾与人大谈佛经，尽管他深知，想要真正读懂佛经只有靠自己，只有靠时间的沉淀。蔡明亮的电影也正是如此，需要太多时间来体味“慢”中的意境与况味。

如今回想蔡明亮为拍摄单元剧《小孩》而初遇李康生的1991年，确如一场梦。当年23岁在西门町打电子游戏的李康生，或许从来不曾想过，他竟会成为这样一位毫无明星光环的演员，甚至一旦离开蔡明亮，就再也演不了其他任何角色。自此，蔡明亮与李康生便鱼水不离、波澜不惊地合作了20年之久。不幸的是，这场合作同样也是一出“慢”长的传奇。直到金马奖50周年之际，他们的光芒才终于被所有人发自内心地见证，而李康生也终于凭借《郊游》捧起人生中第一座金马奖。

1998年，蔡明亮已经与李康生合作了7年。或许是“七年之痒”的缘故，蔡导当时的新片《洞》在韩国釜山电影节亮相，大批观众向蔡明亮抱怨：“李康生我们已经看腻了，你现在完全有能力换刘德华。”

而蔡明亮的回应却令人哗然："刘德华是你的偶像，李康生是我的偶像。"是啊，对蔡明亮而言，也正是小康与生俱来的"慢性子"，才成就了蔡式电影独具一格的"慢"世界。

蔡明亮对李康生的爱，似乎超越了很多界限。他们是导演和演员的关系，却又有着类似于父子之间的情愫。当年，蔡明亮以李康生的形象为故事蓝本，创作了他的第一部长片《青少年哪吒》，而这也是蔡明亮"水三部曲"的第一部。影片中，小康与阿泽之间若隐若现的同性恋情，成为了我们对蔡明亮电影的最初印象。基于对特吕弗《四百下》的喜爱，蔡明亮似乎也将李康生想象成了他自己的让-皮埃尔·利奥德。

于是，电影里的小康便循着阿泽的足迹四处游荡，逃学、打架、酗酒、飙车，漫无目的地扮演着不良少年，放浪形骸，孤独而怪僻。直到2001年，蔡明亮终于有幸请来让-皮埃尔·利奥德客串了《你那边几点》，并第一次将巴黎的"慢"纳入台北的时空之中。也正因此，才有了后来的《脸》，并再次请来利奥德参与演出，更进一步致敬了《四百下》。

在《青少年哪吒》之后，蔡明亮终于开始着手《爱情万岁》，然而，他内心的困闷也愈发找不到出口。他妄图将舞台空间搬进电影，于是就有了那栋三人同住的空荡荡的公寓。在《爱情万岁》中，小康变成了骨灰盒推销员，而杨贵媚则饰演一位售楼小姐。

仅此第二部长片，蔡明亮便极端地抛弃了配乐，甚至连台词都寥寥无几，三位主角之间更是自始至终没有正常的交流。身为群居动物的人类，却在这座遍布废墟的城市中，丧失了最基本的沟通能力。或者说，他们唯一的交流只有性，意即空虚的欲望本能。

直到杨贵媚的最后一场哭戏，她怅然若失地坐在镜头前，足足哭了6分钟之久，忍泪，啜泣，呜咽，恸哭，仿佛灵魂的干涸唯有用眼泪才能浇灌。这一年，蔡明亮毫无意外地捧回了威尼斯金狮，成为侯孝贤之后第二位赢战威尼斯的华语导演。

三年后，蔡明亮最终熬完了“水三部曲”的第三部，《河流》。相比于《青少年哪吒》与《爱情万岁》，无疑《河流》中的“水”要更盛大得多，尤以那场河流浮尸戏为甚。可惜，父子乱伦的黑暗原罪，蒙蔽了太多人的双眼。在同性恋题材还不被大众普遍接受的1997年，蔡明亮的孤独真相注定被误解成了哗众取宠。同样是那一年，被媒体“错杀”的还有《春光乍泄》中的张国荣，所谓“本色演出”的论调历年来不绝于耳，也使得张国荣至死都与金马奖无缘。

翌年的《洞》及至2004年被禁的所谓“情色”之作《天边一朵云》，更是把蔡明亮一步步推到了舆论的风口浪尖。在《天边一朵云》中，李康生改行成了A片男演员，影片中充斥了大量情欲戏，小康更是几近全裸出镜。影片在柏林展映后，曾引发巨大争议，更一度被亚太影展禁映。面对铺天盖地的负面评价，蔡明亮却显得笃定而坚持。

《天边一朵云》同样以“性”的方式诠释了“水”的隐喻，其代表性意象便是西瓜。正如蔡明亮所言：“人的身体里充满水分，就像流淌着感情。水只有在失去的时候才觉得珍贵，同样，滥用身体来填补欲望的人，他们的躯体只是个容器，生命中的一部分已经死去，他们的灵魂已经走了。”

蔡明亮的《脸》是一出重度文艺的戏中戏，有人形容其像一部

8522
中央合署·官邸特區
聯邦銀行

蔡明亮《郊游》剧照

“抒情版的《他人之颜》”，虽不如敕使河原宏那般有着规整的哲性，但艺术上的哲学气息却是异曲同工的。影片讲述一位台湾导演被邀请到法国卢浮宫，拍摄圣经故事《莎乐美》。片中甚至请来了法国影帝让-皮埃尔·利奥德出演剧中的希律王。利奥德老了，当年奔跑于《四百下》海滩的小安托万，早已变脸为60岁的半老头。或许李康生也开始老了，久已褪去《青少年哪吒》时期的满脸稚涩。唯独蔡明亮，还是固执地拍着闷片，用装置艺术和静物写生装扮着他的电影。

出于对神秘事物的迷恋，当我终于有幸揭开“莎乐美的七层纱”，曾一度阴晴不定的心绪仿佛重又炙热起来。在我以为，蔡明亮的“装置艺术”绝然是国内最具私我气质的，热爱闷片的法国人甚至称他为“男版阿涅斯·瓦尔达”。然而，苦心经营的《脸》却遭遇了尴尬的滑铁卢。那场戛纳首映的大面积退场，以及“三人成虎”的恶劣口碑，几乎毁掉了蔡导的良苦用心。而片中卢浮宫馆长的无奈措辞，亦同样暴露出华丽镜像背后的冷仄与孤独。

现实的“变脸”将蔡明亮推至风口浪尖。冥冥中仿佛传来一阵低吟：“你可以把自己封闭起来，把世界关在门外，这样你无须扮演任何角色，做任何虚伪的表情和手势。但现实是残酷的，你的藏身之所也并非密不透风，到处都充满着生活的骗局。”在我以为，蔡明亮的自我修辞虽有过度填鸭的嫌疑，但就其异国身份而言，他对法兰西艺术赋格的领悟确而是独具私人特色的，即便他只给了卢浮宫如此微不足道的一瞥。

无论如何，《脸》中的金丝细缕终究都被镌刻了下来，恍似一座精致的胶片迷宫，有着丝绸的质地和镜面的光泽。回廊深处，一袭莎乐美金色长裙被电梯卡住，裙摆开裂，丝光微闪，一如干涸梦境的回环返照，一如困境中的微渺希望，一如王尔德独幕剧《莎乐美》中缔造的阴郁之美。或许，为艺术而艺术，才是一种最纯粹的表达。唯然，美的代价往往连及负累，即便轻如薄翼的面纱，一旦加厚至七层，亦会成为一种神秘的负累。

曾被誉为法国“新浪潮”开山之作的《四百下》，同样在《脸》中幻化为一幕苍老的装点。安托万奔跑于海边的那组经典长镜头，在此却以相册翻动的方式被一帧帧呈现，如同安东尼奥尼《放大》中“脸”的逐格扩容，其间的虚无感顺势涌现而出，仿似一种对生存的迷茫无助，一种对未来的模糊感知。当60岁的利奥德翻看着14岁的自己，又会否唏嘘光阴的残酷？然而，曾经被镜头捕捉到的瞬间早已铸就永恒。这是艺术的永恒，也是时间的永恒。变脸人生，苍老的是容颜，不变的是艺术。

同样不变的还有影片的结尾。那一泓鸽群环绕的广场圆池，亦曾多次出现于蔡明亮其他作品中，记不清是《你那边几点》还是《黑眼圈》，却终究是一份回环式的动人缅怀。我一度心想，当小康在池边喂食那头麋鹿的时候，是否还会听见杨贵媚的旅行箱掉进水池里的声音呢？

金马奖50周年之际，除了李康生荣获影帝外，蔡明亮也同样凭借《郊游》荣获了最佳导演，他在领奖台上坦言：“我不喜欢金马奖，金马奖也不怎么喜欢我，金马奖跑得太快，这次却突然愿意停下来等我。”回想2006年11月4日，蔡明亮曾因不满金马奖评委对《黑眼圈》的批评，正式宣布退出参选。无疑，这是继杨德昌《一一》拒选事件后，更严重的一次反抗，曾一度掀起整个华语影坛的轩然大波。

在第43届金马奖的入围名单上，《黑眼圈》仅仅入围了最佳音效与最佳女配角两项。但对蔡明亮而言，或许最可气的还是评审团主席张昌彦针对《黑眼圈》的一套说辞："评审认为电影不宜过于沉浸个人风格，而是应该要感动人，还要考虑到票房与观众的接受度。"

在这场轩然大波后，直到2009年，侯孝贤导演成为了新任金马奖主席后，蔡明亮才终于携《脸》回归，并最终得以成就了《郊游》的第50届金马奖之旅。这一年，冥冥之中似乎有一双无形的手，把台北的每一座钟都拨慢了七个小时。于是，台北人也像巴黎人一样，学会了慢行。

帕拉杰诺夫：

诗人是最好的献祭

谢尔盖·帕拉杰诺夫（Sergei Parajanov），1924年1月9日生于苏联加盟共和国格鲁吉亚的第比利斯，苏联导演。1990年7月20日逝世于亚美尼亚首都埃里温，享年66岁。

在诗人的梦境里，吟游是一种最诗意的常态。而《石榴的颜色》便是这样一场关于吟游的梦境。作为谢尔盖·帕拉杰诺夫穷尽其身的诗电影杰作，本片无疑是苏联光影圣殿中的一场绝美祭礼。在年幼懵懂的儿时梦境里，帕拉杰诺夫一次次将少年的自己投掷进须臾的光影洪流，那一刻，少年俯首帖耳，倾听大地的诗句。时隔多年，他将诗人的时空与自己的梦境奇妙缔结，拍出这一部《石榴的颜色》。影片中，借助诗人之口，帕拉杰诺夫道出了艺术的真谛：一个诗人也许会死，但他的缪斯不死。

《石榴的颜色》诞生于1968年，这一年爆发了举世震惊的“布拉格之春”事件。这一年，塔可夫斯基正处于拍完《安德烈·卢布廖夫》后的休整期，而尼基塔·米哈尔科夫才刚刚开始他的电影生涯。对于帕拉杰诺夫而言，这是最坏的时期，也是最好的岁月。政治对于电影的管束渐趋于禁忌，而艺术家的创作使命却迸发出悲天悯人的底色。毋庸置疑，帕拉杰诺夫一反常态的独特手笔，使《石榴的颜色》在诞生之初便名声大噪，更一度被评论界誉为“苏联冷战时期最出色的一部电影”。

在帕拉杰诺夫的这部杰作中，放进了两位吟游诗人。其中一位是影片的主角，18世纪亚美尼亚最著名的诗人之一，萨雅·诺瓦；而《石榴的颜色》英译版原名“Sayat Nova”便源自此。另一位诗人则是帕拉杰诺夫自己，他的个人喜好与私我哲学，都被熔铸进这场永恒而遥远的历史长梦中。这场祭礼般的长途跋涉，固然是对萨雅·诺瓦的诗意传承，但更多的精神元气恐怕属于帕拉杰诺夫自己。

在《石榴的颜色》中，帕拉杰诺夫天才般地呈现了一个制度上的现实：在这看似自由的王国里，每个人都处于他自己的固定位置，他们各司其职，勤勤恳恳。他们踩着各自的木梯上上下下，他们在自己的染缸旁挑出一匹匹布料，她们在各自的纺纱机旁不停地纺纱，甚至于他们胯下的马驹也有固定的路径。在帕拉杰诺夫眼中，这看似是一个时代的安稳祥和，却更是一个时代的莫大悲哀。这一刻，作为吟游诗人的少年，在半梦半醒中，也渐渐走向了陌生而遥远的自己。

值得玩味的是，影片中的每一个角色都面无表情，不苟言笑，无论他们的身边正经历着什么，劳作、阅读、示爱、洗礼、屠宰、战乱、祷告，甚至死亡，每个人都仿佛只是经历一场场仪式的历史人物，没有温度。或许，他们的体温久已被绮丽的布景所稀释，而影像的色调

帕拉杰诺夫《石榴的颜色》剧照

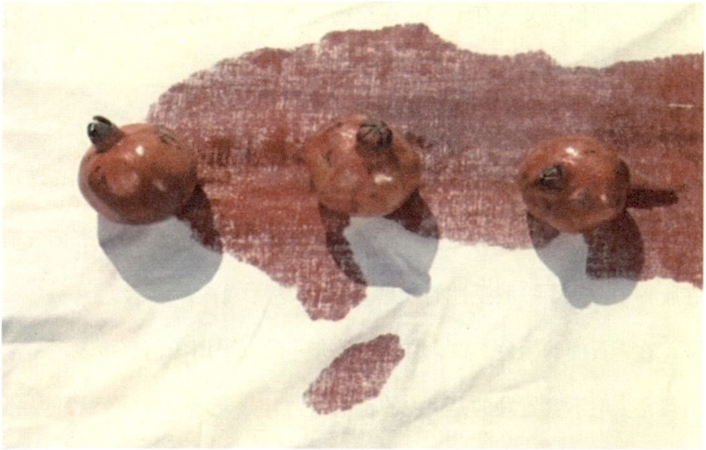

冷暖便是他们的温度。帕拉杰诺夫的这番处理无疑是世界性的手笔。而对于唯明星与表演马首是瞻的好莱坞而言，固然是不会明白其间妙处的。与帕拉杰诺夫一样，法国导演布列松也一度拒绝演员表演，在他的电影里，所有演员同样都是面无表情。但不同的是，布列松更倾向于电影的作者性，而帕拉杰诺夫则更倾向于对一个时代静物式的仪式性描摹。在仪式里，人物没有喜怒哀乐，他们的表情都被一种肃穆感所笼罩。而或许，正像有人揣度的，《石榴的颜色》的温度是内性的，它不是通过人物的表情来传达，而是通过人物的内心。正如帕拉杰诺夫自身所言：我并不试图讲述一位诗人的生活，而是尽力再现一位诗人的内心世界。

纵观《石榴的颜色》的段落式结构，从“诗人的童年”到“诗人的青年”，及至诗人被杀死后的“最终的葬礼”，漫漫人生之旅或许莫不如此，却似乎又各有不同。在这场独属于诗人的人生梦境中，我们仿佛也看见自己的影子，被一寸寸深烙于诗句中。

帕拉杰诺夫让人着迷的地方，是他与英国导演德里克·贾曼在某种程度上的相似性。贾曼惯于将炼金术投注于影像，而帕拉杰诺夫则在胶片中注入了一股巫性的气息。

在《石榴的颜色》中，帕拉杰诺夫并没有采用任何直接表现巫术的段落，但不容置疑的是，他的镜头语言却是充满巫性的，无论从摄影、布景，还是演员的表演上，都像被施了巫术一般，奇妙而诡谲。与此同时，影片对于整个中世纪的长卷式描摩也充满着巫气。比如在兵戈相接的战场一幕，一群异人在偌大的空地上不间断表演，仿佛各司其职的天体永动机。再比如在宗教祭祀场面中，牧师将成群的羔羊圈进教堂，让人想及牧羊人神谕，又想及卡尔维诺笔下的黑羊。或许，这些都只是我庸人自扰的蓄意揣度，关于象征隐喻的外延性，优劣各见。至于对影像的肃穆姿态与游戏精神之间的拿捏，我不好说。我唯独明白，此时此刻，我仿佛成了第三个游吟诗人，在电影中寻找着自己。

细细回想帕拉杰诺夫的另一部杰作《被遗忘的祖先的阴影》，则似乎有着更明显的巫性气息，关于民族探索生存道路的魔幻手笔，仿佛穿行于奇幻和真实之间。犹记得文学界昔日对于“神话”本源的探寻，离不开“巫”字，而东西方的祖先们，又是寄寓巫性的最佳神话载体。有幸的是，借着帕拉杰诺夫的影像表达，这份独属于亚美尼亚的巫气，在日后的俄罗斯电影中亦闪耀出薪火相传的微光，比如亚历山大·罗戈日金导演拍于2002年的《布谷鸟》，就有过一幕召唤灵魂的巫术瞬间。

回至《石榴的颜色》，不得不提的还有那一场诡异的洗礼。借先辈之手，帕拉杰诺夫将圣水施洗于一具“木乃伊”，一如施洗于“死亡”，而非“新生”。或许，对诗人而言，死亡并不是一件可怕的事，只是归于尘土的稀松平常。这一刻，帕拉杰诺夫对于生死的哲学念想悄然隐现。于他而言，死亡与新生的距离，只是一场洗礼罢了，就像在日夜轮转的间隙，静静睡了一大觉。

帕拉杰诺夫对于亚美尼亚远古文明的细腻展现，让我们有幸得见一个边陲国度的生死荣辱。昔日对于亚美尼亚的遥想，仅仅是吉光片羽，而在帕拉杰诺夫的影像中，这些琐碎的瞬间被一一串联，成为一场永恒的生命的祭礼。这一刻，电影有了生动的灵魂，即便影像中充斥着自由的禁锢和命运的藩篱，但恐怕再也没有比之更美的梦境了。

影片中，帕拉杰诺夫全然摒弃了运动镜头，而仅以固定机位注视着一个个或动或静的瞬间。作为导演，他对于石榴与水果刀的注视有如静物写生。这一刻，石榴在白色布匹上晕染开鲜血般素艳的红色。继而是一把古旧的匕首，同样是在白色布匹上晕染开鲜血般的红色。于是，石榴的颜色开始萌生出暴力与杀戮的历史象征意味。而对于游走于画面中的人物，导演的拍摄手笔同样有如静物一般。剧中人仿佛被舞台操控的人偶，面无表情，唯独专注于手头的劳作，仿佛有种古老的气息孕育其中。其中荆棘密布的黑色底板的画面，让我想及塔可夫斯基《潜行者》中的荆棘头环。

在表现亚美尼亚独有的祭祀、洗礼等仪式时，影像的构图则以平面式的局部全景，呈现出一种奇妙的舞台感。与其他导演不同的是，帕拉杰诺夫的舞台既没有棱角，也没有翻转，更像是流浪艺人所建构的最原始的小舞台，一切生离死别都展现于固定的取景框中。在这个舞台上，演员只能在水平线上进退，而不能上下坡，他们的举手投足只属于地平线。

在诗人的内心历程中，“诗人的童年”无疑是最绮丽多彩的，帕拉杰诺夫将少年的好奇心展现得甚为迷人。无论是纺纱的母辈，染布的父辈，抑或屠宰场的鸡群，都呈现出一种漂亮的红色。在少年眼中，这些红色尚且还是纯粹的，还没有黑暗的成人世界的投影。诗人的童年，仿佛有一种奇妙的节律，先辈们日出而作，日落而息，像一种永恒的轮回。浸水的书籍用石块压榨出水分，在屋顶上一排排晾晒。少年躺在阳光下，一如畅游书海的冒险家。关于压书一幕，一度令我想及赫拉巴尔《过于喧嚣的孤独》，小说中苍老的艺术家在暗无天日的地下室将一捆捆旧书与艺术品打包，放入碾书机。

影片最后，帕拉杰诺夫抛下了一个永恒的“艺术”母题：一个诗人也许会死，但他的缪斯不死。对诗人而言，他的诗句是不朽的。正如对帕拉杰诺夫而言，他的影像也是不朽的。他们的缪斯便是艺术载体在精神层面的永恒延伸。

阿彼察邦：

身体里住个老灵魂

阿彼察邦 · 韦拉斯哈古（Apichatpong Weerasethakul），1970年7月16日出生于泰国曼谷。
作为一个独立电影人，他始终游离在泰国电影的官方体系之外，保持着自己的独立性。

跟许多影迷一样，我遇见的第一部阿彼察邦电影，同样是诞生于2004年的《热带疾病》。在我短短十数年的迷影记忆中，这是一部幻象般沉默如谜的电影。沉默的泰缅森林，沉默的同性恋人，沉默的虎灵，以及观影后久久沉默的我。

2010年，当法国《电影手册》将《热带疾病》选为新千年十佳第三名（前两名分别是大卫·林奇的《穆赫兰道》和格斯·范·桑特的《大象》）时，这部电影才真正在影迷群体中大热起来。世事惯来如此，我同样不能免俗。并非崇尚奖项，也绝非迷信权威，更多的是身为影迷的我们，见到自己钟爱的电影得到世人更多的肯定，而为此涌动出一种无可名状的热血。

时至今日，我依然对《热带疾病》开场引用的那句出自坦·纳卡吉玛的名言讳莫如深："我们都有兽性的一面。作为人类，我们的责任是成为驯兽师那样的人，驯服其他动物，甚至教它们做一些与兽性背道而驰的事情。"也正是从那一刻开始，我渐渐触摸到那个住在阿彼察邦身体里的老灵魂。

同样是2010年，在第63届戛纳电影节上，阿彼察邦凭借《能召回前世的布米叔叔》一片荣获金棕榈大奖，成为泰国乃至东南亚地区第一位囊获这份殊荣的导演。彼时，泰国正深陷红衫、黄衫的政治暴乱之中。有人说，这是阿彼察邦献给亚热带的挽歌。也有人对此嗤之以鼻，认为这次颁奖不过是政治对艺术的胜利。作为意料之外的黑马，尽管阿彼察邦的这座金棕榈极具争议，但冥冥之中，这份荣耀似乎早在《热带疾病》诞生那一年便已被盖棺加冕。

回首《能召回前世的布米叔叔》登顶戛纳这一影史瞬间，虽伴随着"戛纳小年"的微妙说辞，但同台竞技的佳作照样比比皆是，阿巴斯的《合法副本》、李沧东的《诗》，还有毕沃斯的《人与神》、伊纳里多的《美错》等等。也正因此，很多其他导演的影迷曾一度质疑，场刊评分偏低的《能召回前世的布米叔叔》获奖是不是真的有潜在的所谓"政治黑幕"。或许，他们并不曾意识到，阿彼察邦的电影其实早已悄无声息地成为戛纳电影节的重要风景。这一次登顶，绝非偶然。

无论是2002年荣获一种关注大奖的《极乐森林》(又名"祝福"),抑或2004年荣获主竞赛评审团奖的《热带疾病》，都在向我们传递着这样一个事实：这一束来自潮热而神秘的东南亚的灵魂，已然成为引领新千年诗意幻想的某种超现实力量。当属于20世纪的战乱纷争终于尘埃落定之后，历史的幽灵、鬼魂、幻影便开始破冢而出，成为游荡人间的失落精灵。换句话说，阿彼察邦并非不切实际的幻想主义者，他镜头下时隐时现的幽灵、鬼魂与幻影，都是从他土生土长的泰国的森林、田野、河流与空气中捕捉到的，只不过借助了电影这个艺术载体。

面对外界的普遍质疑，当年戛纳主竞赛单元的评审团主席蒂姆·波顿道出了选择《能召回前世的布米叔叔》的缘由："戛纳电影节的一个特点就是在这里能看到一些别的地方见不到的电影，现在全世界的电影都在好莱坞化，而像这样的电影我以前从没见过，我觉得好像经历了一个罕见而又奇异、美丽的梦。"

然而，尽管如此，还是极少有人愿意去看阿彼察邦的电影，有人嫌其冗长，有人厌其沉闷，评论界甚至责斥他，是一个"拿欧洲的钱，为欧洲拍片的导演"。所幸，当年进入泰国艺术院线的《综合征与一百年》小有票房，而戛纳金棕榈的光环也多少为《能召回前世的布米叔叔》赢得了一线生机。

而在我看来，阿彼察邦的电影正如毛姆所谓的"认故乡"一样，尽管难以逃离开泰国这座本土故乡的独特气质，但骨子里更多的却是从导演内心那座故乡中疯长出来的影像之诗。它们似乎并不属于世界上的任何一个地方，既不属于欧洲，也并不完全属于亚洲。值得庆幸的是，戛纳小城上空的神隐之手捕捉到了它们的艺术价值，真正认出了属于阿彼察邦的电影故乡。拿下戛纳金棕榈的那一年，这位泰国电影诗人刚满40岁，但他已然让很多人意识到，这位年轻的大师的身体里，势必住着一个祭奠过去、造梦未来的老灵魂。

热爱童话的人常说，森林是一座有巫气的黑迷宫，它的使命是为

阿彼察邦《热带疾病》剧照

王子或公主制造迷恋魔法与诅咒的敌人。而阿彼察邦则这样谈论森林："它是一个起源，一个人类的家。我们的祖先过去居住在丛林中，他们听得懂鸟、猴子和风的语言，他们生存在古老的秩序中。但现在我们不了解了，我们以游客的姿态进入丛林，丛林变成了一个奇异的地方，有时还使我们感到恐惧。所以，我想带着大家回到丛林，回到过去，沉浸于历史和动物的内在之中，释放自己。"

这是阿彼察邦在当年拍完《极乐森林》后写下的文字，追根溯源，道出了他如此热爱森林的重要缘由。于是，每当遇见森林，阿彼察邦就会陷入漫无边际的沉默，放弃说话，仿佛失语症上身。《热带疾病》如此，《极乐森林》如此，《能召回前世的布米叔叔》同样如此。

在《热带疾病》中，阿彼察邦将人化身为虎灵，隐没在丛林中，惯常意义上的老虎便有了神隐的力量，折射出一种神秘之光。而在《极乐森林》中，"脱衣服"和"采浆果"两个细节，则大有伊甸园之感，返璞归真，将社会人拉入森林构筑的大自然，便有了一种永恒。影片中的男女主角仿佛化身为亚当夏娃，他们本能地抛开现实的遮羞布，开始了浪漫的放逐。

直到《能召回前世的布米叔叔》，人与野兽的置变更成为一个鲜明的印记。影片中，阿彼察邦奇妙地洞穿了阴阳的界限，他让布米死去19年的妻子亡魂、失踪14年变成鬼猴的儿子相继回到阳间，与能召回前世的布米叔叔叙旧，闲谈记忆中的往事。而这部电影的灵感也正来源于一本讲述高僧转世的书，以及阿彼察邦从小耳濡目染的神秘故事，那本书名为《一个回忆前世的人》，那些故事则来自湄公河畔的村庄。他说，伊萨当地人都相信人会和其他生灵相互转世，不断轮回，而这部电影是家乡人群体记忆的混合自传。正如《能召回前世的

阿彼察邦《能召回前世的布米叔叔》剧照

布米叔叔》获奖那一刻，他站在戛纳的领奖台上，感谢“泰国的亡灵和鬼魂”。

水牛，虎灵，游进子宫的鲶鱼，逡巡森林的野兽。恐怕这个时代再也没有第二个人能造出这样的充斥着生命体验的秘境。仿佛总是有一种声音在为阿彼察邦这样的电影“辩护”着：你们现在不懂我，但是将来会懂的，即便我什么都看不见，但就像能召回前世的布米叔叔用生命召回的艰难的前世，终会有一簇簇原始的阴魂来震撼我狂野的彩翼。

影评人往往以“二元性”和“变形”来为阿彼察邦贴标签。从专业角度而言，的确如此。他的电影，无论在内容上，还是结构上，都会清晰地表现出二元性和变形的主题。关于“二元性”，如《热带疾病》中，阿彼察邦从内容上探究了男人与动物的二元性；从结构上则将整部影片一分为二，前半部分讲同性恋人的事，后半部分则完全闯入森林。而《综合征与一百年》中，则以一个神秘的长镜头将影片的时空分成两个部分。

更极端的例子是《极乐森林》，阿彼察邦以冗长的开车桥段将影片前后隔断，于是，电影放映到一半时才开始出现片头字幕。关于“变形”，则正如阿彼察邦自己所言，“电影中的人物可能会经历从一个身份到另一个身份的变化，可以是隐喻性和社会性的改变，也可以是一种物理变化，比如一个男人变成了一名僧人，或者一只老虎、一只鬼猴”。

在阿彼察邦的成长历程中，曾面临两个职业选择，一个是建筑师，另一个是电影导演。所幸，他最终选择了电影这一行。而对于建筑的狂热，则使他投身于装置艺术与实验影像的学习。从孔敬大学建筑系毕业后，阿彼察邦去了美国芝加哥艺术学院学习电影。这期间，他深受安迪·沃霍尔、梅雅·黛伦、布鲁士·贝尔利等先锋派艺术家的影响，并由此拍摄了一系列奇思妙想的艺术短片。然而，对阿彼察邦真正影响至深的导演，则是台湾的蔡明亮。

与许多东南亚导演一样，阿彼察邦电影生涯的真正启蒙，来自蔡明亮。想来，蔡明亮电影中的河流，同样也属于阿彼察邦的原始记忆。他曾在斯洛文尼亚偶遇蔡明亮的《不散》。那是卢布尔雅那的一家老电影院，阿彼察邦坐在电影院暗红色的老式座椅上打发时间，男主角李康生沉默地穿梭于银幕上的电影院。那一刻，阿彼察邦产生了一种镜子般的幻觉。他恍惚觉得，他就是电影中的李康生，而李康生也像他一样坐在电影院里，怀抱着一个时钟，与他对视。银幕内外，升腾起一股力量，如静物般，沉默有力。

在阿彼察邦看来，蔡明亮的这部电影“已然超过了语言所能表达的范围”。在看蔡明亮的电影时，他时而感到悲伤，时而又觉得强大，仿佛内心的所有记忆都被触发。在2012年英国《视与听》杂志的“导演十佳”评选栏目中，阿彼察邦将蔡明亮的《不散》排在第一位，紧随其后的是杨德昌的《牯岭街少年杀人事件》和尤里斯·伊文思的《雨》。

在创作观念上，阿彼察邦与蔡明亮也有着强烈的共通性。蔡明亮曾说，我的电影只拍给20个人看。而阿彼察邦也曾坦言，有个性的电影不可能取悦所有人。自从《热带疾病》被法国《电影手册》选入“新千年十佳影片”以来，阿彼察邦一度被业界奉为“最具大师气象的亚洲导演”。按法国“电影手册派”的归类，阿彼察邦当属典型的作者型导演，而他的电影也显然是极度私人化的。

他说，“并不是我轻视主流电影，只是它并不符合我的本性，或者说，我并不知道如何进行商业化拍摄。这听起来有些极端，但我更想一个人独自待在岛屿上。在我看来，主流电影就如同演说家或者政客们以他们的表达来鼓动和讨好大众，而我的个性并非如此，我不太爱说话，也不具备组织语言来俘获大众的能力。”

而后的2012年，阿彼察邦重回戛纳电影节，带来了他随性拍出的《湄公旅馆》，借此将湄公河流域生生不息的力量恣意展现，并同样在其中注入了纪录式的原始魔力。然而，这也注定了这部影片与整个时代的强烈反差。阿彼察邦说，“这是一部无须正襟危坐的电影，很遗憾组委会不能让大家在影院里随意抽烟。”那一刻，蔡明亮《不散》中的那座电影院，或许才是阿彼察邦真正心仪的去处吧。

洪尚秀：

做爱后，动物感伤

洪尚秀（Sang-soo Hong），1960年10月25日出生于韩国首尔，韩国导演。

与法国的侯麦、日本的小津、美国的伍迪·艾伦一样，韩国的洪尚秀也属于“一辈子只拍一部电影”的导演，这种极具独立性和作者性的笃定，从洪尚秀打算开始拍电影那一刻起，就埋下了种子。

1996年5月4日，借着独立制片运动的势头，洪尚秀的长片处女作《猪堕井的那天》在韩国上映。那一年，李沧东还没开始拍《绿鱼》，金基德尚未完成《鳄鱼藏尸日记》，朴赞郁和奉俊昊都不曾真正出道。从美国奥克兰加州艺术学院毕业的洪尚秀，就这样毫无征兆地成为了韩国独立导演第一人。

常常会有人问，你最爱的韩国导演是谁？从林权泽到李沧东，从奉俊昊到朴赞郁，从金基德到许秦豪，最终的落点却往往停留在洪尚秀身上。无可否认，洪尚秀注定是韩影导演中最具作者气质的一位，从他那部拍于1996年的《猪堕井的那天》就已然定下了基调。

无可否认，《猪堕井的那天》是一鸣惊人的。对于日后看惯了洪尚秀略带戏谑的日常爱情小品的影迷们而言，重温《猪堕井的那天》无疑是一场残酷的考验。尽管本片在电影结构上与后来的洪式作品一脉相承，但整体的基调却是一出彻底晦暗的悲剧。洪尚秀用极尽残酷的方式交出了这份处女答卷，振聋发聩地叩响了这个残缺的世界的窄门。难以想象，洪导的处女作竟然如此阴郁不见阳光。

那一年，洪尚秀36岁，已然不再年轻。揣测他在拼命创作《猪堕井的那天》时的愤懑心境，想必与杨德昌36岁拍摄《海滩的一天》时的状态如出一辙。无独有偶，洪尚秀和杨德昌都是天蝎座。

尽管洪导的获奖履历只有寥寥几笔，唯有《处女心经》《夏夏夏》《这时对那时错》分别在东京、戛纳、洛迦诺拿过大奖，但几乎他的每一部作品都投射出一种日常妙趣。

不同于以宏大见长的维斯康蒂或杨德昌，虽同为天蝎座导演，洪尚秀显然更擅长于以小见大，从生活琐事、爱情碎片中挖掘主人公的日常命运与哲性思考。热衷玩转电影结构，标志性的推拉镜头，作坊式的创作方式，以及逃不开的对男女情欲关系的深度撩拨，或令人会心莞尔，或令人唏嘘叹惋，都是洪尚秀电影与众不同的特色所在。

洪尚秀拍电影的念头始于1994年春天，《猪堕井的那天》的创作灵感来自他看到的一篇小说《一个奇怪的夏天》（*A Strange Summer*）。影片中的主人公金孝变是个落魄小说家，从未真正出版过一本像样的书，生活窘迫潦倒，被外界判定为三流作家。这样的人物设定，往后

洪尚秀《猪堕井的那天》剧照

几乎雷打不动地贯穿了洪尚秀的每一部作品——不知名的小导演，陷入创作瓶颈的作家，郁郁寡欢的文艺工作者。

至于他们的爱情生活，则往往受困于三角恋，或一男两女，或一女两男，多有已婚或离异者闯入。看似狗血如戏，却又稀松平常宛如每个人所经历过的世界。在《猪堕井的那天》中，围困住男主角金孝变的便是这样两名女子：已婚女宝京，未婚女敏在。而男主角所谓的"渣男"属性，又总是不可避免地戏剧性地投射到洪尚秀自己身上，生而为人的困惑与矛盾，以电影的方式坦诚布公。

玩弄结构是洪尚秀电影标志性的艺术形式，无论是《剧场前》的戏中戏，《夜与日》的日记体，《在异国》的三段式，甚至打乱时序的《自由之丘》，洪尚秀都极尽可能地避免自我重复，那些已经使用过的结构方式鲜少会出现第二次，即便出现也会有一些微妙的变奏。纵观《猪堕井的那天》，则是以不同人物为主导的多线叙事结构，安排得错落有致，有条不紊。

可见，洪尚秀从创作伊始就对电影结构有一种痴狂而奇妙的迷恋，就像直面一场场"形式即内容"的镜像仪式。换句话说，洪尚秀深知他的电影母题逃不开一群男女吃吃喝喝、情情爱爱的故事，便唯有在叙事结构上尽可能玩花样，以此创作出更多精巧纷繁的作品，抵达另一种远方。

床戏也是洪尚秀铺陈电影结构的重要手段之一。几乎在每一部洪尚秀电影里，我们都或多或少能窥探到男女情欲游戏的吉光片羽，或以发泄，或以骗色，或以逢场作戏，当然也不乏灵肉交汇、两情相悦的瞬间，但仅此瞬间而已。

在《猪堕井的那天》中，一共有五场床戏，揭秘了六个人物之间的情感关系，男主人公与少妇宝京的旅馆欢愉，宝京丈夫与应召女郎的援交之夜，未婚女敏在与追求者的一夜情，男主人公与未婚女敏在的殉爱之交，宝京丈夫对宝京的婚内强奸。无法想象，洪尚秀的处女作居然有如此高频度的情爱场面，堪称绝无仅有。据说在《海边的女人》之前，洪导的电影都是十八禁。难怪当影迷们发现洪导新作《这时对那时错》里没有任何床戏时，都慨叹说洪导老了，开始性冷淡了。

身为天蝎座的洪尚秀对爱情是持悲观态度的，纵观他创作至今的近20部电影，似乎从来没有出现过白头到老的可能性，即便现实中的他正与金敏喜陷于热恋之中。总是在下半身的欢愉过后，灵魂重回空

洪尚秀《这时对那时错》剧照

虚，非动物本能的莫名感伤暗涌不止。从《猪堕井的那天》这部处女作开始，洪尚秀就道出了对“真爱”可遇不可求的悲叹与自负，无怪乎韩国评论界以“孤傲而独特”定义洪尚秀，评价犀利而准确。

当未婚女敏在在深夜街头苦求男主角接纳她，甚至愿意为爱付出生命、奉献一生时，身陷囹圄的男主角却丝毫不为所动，甚至对敏在大打出手，最后咆哮道：“我要的是真爱，我生来就必须那样被爱！”对男人而言，不爱也可以做爱，但终究仅仅局限于肉体。

做爱后动物感伤，注定成了所有这些爱情关系的可怕宿命。男主角金孝变借未婚女敏在的钱去开钟点房，却在与少妇宝京做爱后匆促离去；异地出差的宝京丈夫在接受援交后，发现安全套破裂，慌忙去浴室冲洗，翌日还奔医院化验；未婚女敏在在被甩之夜，伤心欲绝之际与追求者发生关系，最终命丧黄泉死于情杀；而宝京与丈夫的最后一场性爱，几乎毫无温存可言。洪尚秀借此悲叹，人们爱的是谁？谁又还拥有爱的能力？

而关于电影片名《猪堕井的那天》的释义，有人曾用帕索里尼《猪圈》中的爱情表达来加以阐释，窃以为准确而妥帖。帕索里尼说，当猪相爱的时候，它们吃掉对方——用做爱的方式。

食色性也，洪尚秀的床榻之欢往往始于吃。饮食不分男女，吃是性爱的序曲。韩国烧酒作为洪尚秀导演的生平最爱，便顺势成为洪式电影难脱干系的催化剂。不同于小津安二郎对日本清酒的日常化代入，烧酒之于洪尚秀，则扮演着一个更重要的灵魂角色。按洪导的话说，爱喝酒是因为孤独，年轻时没有梦想，体内似乎总是有个随时要引爆的炸弹。直到遇见电影，洪导才真正发现除烧酒之外的属于自己的另一半灵魂。

在《猪堕井的那天》中，洪尚秀不无意外地安排了一场酒局。当年首次触电的宋康昊也在这场酒局上露面了，也正是借他之口，作家男主得知自己并不在被邀请之列。然而，他毫不在乎地出席了。酒至半酣微醺，旁若无人地唱醉歌，拼命给朋友灌酒，甚至因服务员的手拙而大发脾气。

这是男主角在全片中最酣畅淋漓的一次大爆发，而烧酒作为激发波澜的“淫媒”，成功地为主人公卸下了道德的伪装与束缚。那一刻，所有人生的不得意，所有内心的愤懑不平，都在酒精作用下喷薄而出。

常有人责难洪尚秀的电影过于随心所欲，而洪导从来对此充耳不闻，正如他在《夜与日》中所言：世界如你所见。洪尚秀心目中的生活流终究是充满诗意的，它不仅仅是《惠媛》中风吹旗动的瞬间，《自由之丘》中遗落楼梯的一页日记，它还是《在异国》中落单沙滩的烧酒瓶，抑或《北村方向》中漫天飞扬的皑皑飘雪。而《猪堕井的那天》中的诗意生活流，同样涌动在精准计算之外的时空罅隙中。平静的暗流，轻描的幻灭，沉默的躁动，及至最后的死亡设定，染红了命运的缺口。

所幸还有白日梦，往往是洪尚秀电影里弥补遗憾的超现实入口，当然有时也充当着给现实补刀的噩梦角色。比如《猪堕井的那天》中的那场白日梦，便是少妇宝京梦见了自己的死亡，她唯有透过梦境旁观丈夫漠然应付着日常事务，并看着深爱自己的作家手挽情人出现在自己面前，如同一场沉默的诅咒。

影片最后，少妇宝京踩着铺在地上的报纸走向阳台的隐秘结尾，带着残忍的不确定的死亡气息，看似戛然而止，却又似乎总是在循环往复地发生着。如同1983年杨德昌在《海滩的一天》临近结尾处如此质问世界：不管是小说还是电影，总是两个人结婚以后都是圆满大结局，而大结局之后呢？没有人告诉我们。

帕索里尼：

罗马海滩上的伟大尸体

皮埃尔·保罗·帕索里尼（Pier Paolo Pasolini），1922年3月5日生于意大利波伦亚，意大利著名电影导演。1975年11月2日被杀害于罗马，享年53岁。

作为意大利曾经最“臭名昭著”的大师级导演，皮埃尔·保罗·帕索里尼的一生可谓前所未有的传奇。尽管距他去世已经40多年，但那场发生于1975年11月2日的毁灭性的罗马海滩谋杀案，至今仍然是个无从考证的谜。一夜之间，大师陨灭，萨罗的恶灵却盘桓不去。

那天，人们在远离罗马中心的某个荒凉的海滩边发现他的尸体，面目模糊，不成人形。谁也难以想象，曾经如此特立独行、放浪不羁的伟大灵魂，此刻却沉默而孤独地躺在这里，甚至无法向世人倾吐死亡的真相。当年，年仅17岁的意大利男妓朱塞佩·佩罗西，被官方指控为谋杀者。帕索里尼同性恋的身份，使这场看似蓄意的谋杀笼罩上了“桃色事件”的阴影。唯有帕索里尼的好友们深信，这更像是一场赶尽杀绝的“政治迫害”，绝非佩罗西一己之力的结果。然而，这一切正如帕索里尼曾经写过的那篇《多重谋杀案的故事》，注定有一些死亡永远无从揪出真凶，永远无法指望真相昭然天日。

2014年，美国导演阿贝尔·费拉拉携手威廉·达福拍出《帕索里尼》，试图重新还原帕索里尼被害前的最后一天。那天一切都平静如常，帕索里尼与母亲谈心，面见前男友，还与《索多玛120天》中的女演员共进午餐。下午时分，他在友人聚会中畅所欲言，分享最新的电影构思：在大量的性爱描写中，探讨宇宙与真理，探讨权力是最好的春药。假如帕索里尼第二天没死，或许意大利影史上又将诞生一部惊世骇俗的杰作。

然而，帕索里尼的遗作终究还是定格在了《索多玛120天》。纵观帕索里尼纷纷扰扰的创作生涯，我们的目光注定离不开这部至今争议不断、尺度逆天的旷世奇作。按影史上的某种说法，帕索里尼之死在很大程度上跟这部电影有关。有些人将其看作是旷世杰作，有些人则视其为对人性的亵渎，毁誉参半招致的非议，终于酿成惨剧。甚至有人以“死亡模仿艺术”的论调，认为他的被杀似乎是他的艺术作品的一个情节，一个必然的结局。

抛开这些难成定数的祸端，我们唯有重寻帕索里尼创作最辉煌的20世纪60年代，才能寻找到一些安慰。曾经任教于罗马邦区贫民窟学校的他，常年混迹于被社会遗忘的流氓无产者之中，正如他早期的电影所展现的那些主角：妓女、骗子、窃贼、劫匪，所有那些远离主流人群的边缘人物。而帕索里尼一生的使命，也始终是在为这群亡命之徒著书立传，比如他最初的两部电影作品《乞丐》与《罗马妈妈》，便

帕索里尼《索多玛120天》剧照

来自他的贫民窟经历。正如他所言："真正的残酷来自事物本身，是生活的本质使人恐怖。"

在成为导演之前，帕索里尼就具有很好的写小说的功底。假如无法成为导演，他很有可能进入意大利最伟大的小说家行列，在他笔触下的罗马贫民的生活，有着难得的欢愉时刻，却又充满着泣血的现实。后来，很多知名导演都邀请他撰写剧本，这其中有费里尼、毛洛·博洛尼尼、马里奥·索达蒂等。而费里尼的《卡比利亚之夜》和《甜蜜的生活》这两部名作，便都是与帕索里尼合写的，足见他的编剧功力。还有当年非常年轻的贝纳尔多·贝托鲁奇，同样对帕索里尼推崇备至，他的导演处女作《死神》便是改编自帕索里尼的小说。

与很多意大利导演一样，帕索里尼同样发轫于新现实主义，但最终则越来越走向自己的电影王国，而情色元素便是他的重要标签之一。他早期的名作，比如《软乳酪》和《定理》中便已带入很多对情色与性爱的离经叛道的描述。据说《软乳酪》当年只放映一次便被永久禁映，帕索里尼本人还因为“亵渎罪”被关了四个月的监禁。而《定理》开启的“闯入者”模式则无疑引领了很多后世的效仿风潮；来自异乡的男主角与同一家庭每个成员之间构成的暧昧情色关系，是为外来者“定理”。而针对当局的干预和外界的指责，帕索里尼曾说：“以保护他人道德为名禁止情色，是为禁止其他更具危险性的事物找借口。”

在帕索里尼后期的经典情色杰作中，我个人最爱的是他那部拍于被杀前三年的《坎特伯雷故事集》，而今年也正好是本片诞生的45周年。作为“生命三部曲”的第二部，《坎特伯雷故事集》拍于《十日谈》之后、《一千零一夜》之前，同样改编自中世纪文学名著，将灵与肉的狂欢谱写成生命的欢愉和礼赞。

在1972年举办的第22届柏林国际电影节上，帕索里尼凭借《坎特伯雷故事集》成功囊获柏林金熊大奖，这份荣耀堪比1960年费里尼凭《甜蜜的生活》赢得第13届戛纳金棕榈大奖。两部杰作同样都离不开欲望的蛊惑，内里却都躲藏着孤独的灵魂。

我曾经以为，帕氏之所以选择在20世纪70年代拍摄“生命三部曲”，似乎是为了重新追溯1967年拍《俄狄浦斯王》时的现代性反思，正如他在60年代所言：“在你的优雅中，我的愤怒诞生了。”但后来细想，70年代的帕索里尼显然已经跨过了愤怒的青春期，离意大利新现实主义越来越远的同时，对生命本质的探寻也更具仪式化，或者换句话说，更走向原始。这也是《十日谈》《坎特伯雷故事集》和《一千零一夜》中会涌现出那么多情色场面的重要原因。除了70年代性解放运动的感召之外，帕索里尼自身对性与爱的更加释放自由的理解，也是酿成这组三部曲的催化剂。

按帕索里尼的话说，“身体始终具有革命性，因为它代表了不能被编码的本质。”简言之，我们根植于生命的肉体，也和灵魂一样，是不能被任何道德或规矩所禁锢的。也正因此，他会在“生命三部曲”后义无反顾地决定拍《索多玛120天》，即便在前方等待他的未来是一场毫无预兆的死亡。遗憾的是，这样沉溺于狂欢的年代恐怕再也不会有，也不再可能有；任何声言“解放”的说辞，尤其是与身体感官脱不开干系的，都终将笼罩上“一晌贪欢”的阴影。

回望1972年的《坎特伯雷故事集》，影片根据14世纪英国诗人杰弗雷·乔叟的同名诗体小说集改编。这一次，帕索里尼依然找来他的御用演员弗兰科·奇蒂出演重要角色，延续《十日谈》中的身体狂欢。曾经凭借史诗巨制《宾虚》赢得奥斯卡最佳男配角的休·格里夫斯，也惊喜地出现在了本片中。而帕索里尼导演自己，则亲自上阵，扮演了中世纪的英国诗人、小说家乔叟一角，这个角色也是串联整个故事脉络的灵魂线索。

类似于薄伽丘在《十日谈》中让躲避瘟疫、消磨时间的10个人轮流讲故事的结构，乔叟《坎特伯雷故事集》的架构也同样如此，由30位朝圣者会聚在一起，在往返圣地的途中每人来回讲两则故事。有趣的是，这30位朝圣者包括了不同职业的工种角色，其中有骑士、僧尼、商人、手工艺者、医生、律师、学者等等，无形之中也促成了《坎特伯雷故事集》中故事的多样性，得以更全面地展现出中世纪英国的世间百态。针砭时弊之余，乔叟也将自己的哲思熔铸其中。

帕索里尼的情色化改编，在当年看来注定是要饱受争议的，尤其在素来以政治化倾向著称的柏林电影节获奖后更是引起轩然大波。而这股争议热潮也一直在后续几年里愈演愈烈，直到帕索里尼意外死亡，都不曾得以真正平息下去。

在《坎特伯雷故事集》中，帕索里尼选取了原著中的8个小故事构成整部电影，最初的柏林首映版长达140分钟，其极端赤裸露骨的情色叙事、极力还原中世纪原貌的晦暗风格，在如今看来依然堪称惊世骇俗，尺度大得惊人。柏林拿奖后，《坎特伯雷故事集》得以在世界各地公映，但都难免多多少少的删减，其中法国版被删到118分钟，美国版只剩下109分钟，而后来世界通行的版本也只有112分钟。尽管我们至今无缘看到最初的140分钟版原貌，但从帕索里尼创作后期的惯性作风来看，大致可以触探到他的作品中情色尺度可抵达的边界。

纵观电影诞生百余年，真正名垂影史的情色力作其实屈指可数，除了帕索里尼集大成的最后遗作《索多玛120天》之外，赫赫有名的还有日本大岛渚的《感官世界》、意大利贝托鲁奇的《巴黎最后的探戈》等等。此外，还有很多被排序在世界十大禁片之列的情色片，但都还远远算不上经典，更别提杰作。

相比之下，帕氏“生命三部曲”中较少影迷所关注的《坎特伯雷故事集》其实很少被后人提及，或者更多是以“帕索里尼情色三部曲”的名义被捆绑叫卖。世事惯来如此，有些作品明目张胆、张牙舞爪地火着，有些杰作却从来都是非常低调地活着。不过这也没什么，有时候越少人关注其价值反而越珍贵。

众所周知，帕索里尼的宗教情结是一个挥之不去的“痂”。在我看来，这是作为诗人的帕索里尼最崇高的影像表达，无论《马太福音》

帕索里尼《坎特伯雷故事集》剧照

的旷远诗意，还是《俄狄浦斯王》的高度抒情，都传递着帕索里尼内心对未来的热望，即便这种热望终将以"萨罗式的屠戮"而终结。

1964年的《马太福音》，被公认为是帕索里尼最成功、最富诗意、最具有符号学特征的电影作品，曾获威尼斯电影节评委会大奖。我依然记得电影中的那一首赞美诗：《有时我感到如同一个失去母亲的孩子》。"宗教的感伤掀起历史的伤疤，满目疮痍，拨不开芦苇的影，拨不开遮天的乌云。悲剧的震撼力便开始召唤我们。禅房花木深，我们本该如此宁静，沿着小路走向山林。光影中，巴赫的音乐起，莫扎特的音乐起，韦伯·普罗科菲耶夫的音乐起。是历史的沧桑，油画的质感？是崇高的仰望？”

在我看来，影片《马太福音》的诞生就像一个众星捧月的神话。影片中，童贞女玛利亚被许配给约瑟，还没有迎娶玛利亚就怀孕了。耶稣降生，被圣灵引入狂野，受魔鬼的试探，他禁食40个昼夜，撒旦让他变石头为食，耶稣说，人活着不能单靠食物，这是神的话。撒旦让他从圣城的殿顶跳下去，耶稣说，不可试探神主。继而传道开始，显神迹，开天眼，救万民于水火。

直至逾越节那天晚上，耶稣和12个门徒一起吃“最后的晚餐”。耶稣说，你们中的一个要出卖我了。犹大串通官府将耶稣处死在十字架上。加利利山上，耶稣复活，众人拜倒在他的脚下。这使我想起曾经风靡一时的大片《宾虚》中的麻风病人，也是在耶稣殉身那一日，血流成河，雨若倾盆，雨水也仿佛沾染了灵性，驱散了麻风病人的痛楚。

而帕索里尼的遗作《索多玛120天》终究是不能不说的。法国的洛朗斯·斯基法诺在《1945年以来的意大利电影》一书中提到它，称其为“新现实主义”的杰作。这部影片就像一个反法西斯的政治寓言，帕索里尼也为此而死。无疑，该片是20世纪70年代的意大利电影中最具争议的一部。

第二次世界大战末期，在墨索里尼“社会共和国”的首都萨罗城，众多少男少女被捕，成为年轻的牺牲者。在豪华的大厅里，但丁式的三段式“叙事圈”开始运转。个中细节惨烈得不可名状，震惊之余又让我久久难以释怀，几乎成了影史上“不能忘却的记忆”。三段叙事都有各自的名称：第一段“疯狂圈”，第二段“粪便圈”，第三段

“嗜血圈”。

听说影片中的人物均取自法国作家萨德的笔下，着实让人有些敬畏。助教、法官、总统、公爵，各种道貌岸然的形象一一闪现，牵连起一个天才默然陨落的叹息。2006年的戛纳电影节，又有人以致敬之名重述了关于120天的故事：《布宜诺斯艾利斯的120天》。那一刻，我们恍如再次回到影片《索多玛120天》中的最后段落，法官一个一个地点到人们的名字，然后说出那句无比沉重的历史台词：“他们将回到萨罗！”

帕索里尼生平也拍过不少纪录片，比如拍于1964年的《幽会百科》就非常有趣。帕索里尼自己“主演”了影片中的记者，断断续续地采访了很多普通人。整部影片充满了帕索里尼惯有的气质，对“性”的表达，或诗意，或严肃。

帕索里尼的这场采访牵涉到社会各阶层的人群，话题则探触到婚姻、性自由、性病等社会问题。其中有几个非常有意思的探讨，比如男人的嫉妒、西西里的锁门政策、妓女们的放肆和沉默、家庭无用论、处女膜的重要性等等。

在《幽会百科》的后半段，被采访者中有一部分人情绪过激，甚而有人主动请缨发表言论，而话里话外不乏对当局的愤懑与不满。可见，帕索里尼所处的时代是极力推崇言论自由的。更为有趣的是，凡有人言辞中触及自身隐私或主动曝丑的，都被处理成了无声状态，且画面中会同步跳出写着“自我检查”字样的标签。只有孩子们的话语最具诗人的品格，当帕索里尼问及“你们是怎么来的”时，孩子们的回答各色各样：白鹤、鹳鸟、花朵、篮子、上帝的手……

帕索里尼最后用一对新人结婚的画面结束了这场性行为调查。旁白很有味道："两个年轻的意大利人结婚了，在这一天，过去的所有好坏……似乎都一笔勾销，像在一个平静的日子里回想暴风雨。"

在此前一年，帕索里尼曾与戈达尔、罗西里尼等导演一起，合拍了名为《帕戈罗格》的影片，其中帕索里尼那段便是著名的《软乳酪》。借"软乳酪"之名，帕索里尼重新搬演了蓬托尔莫的耶稣受难油画，而该片被禁的重要原因也正在于此。

在《软乳酪》中，扮演导演的奥逊·威尔斯与扮演记者的帕索里尼之间，有一场令我着迷的对话。它就像一场事先安排的序曲，预言了帕索里尼伟大而悲剧的一生。

这段对话如下：

帕索里尼："你准备如何开展你的工作？"

奥逊·威尔斯："我将自始至终贯彻这悠久、深远、详尽的天主教义。"

帕索里尼："你对意大利社会有何看法？"

奥逊·威尔斯："这里有欧洲最愚昧的工人阶级和最浅薄的资产阶级。"

帕索里尼："你如何理解死亡？"

奥逊·威尔斯："作为一个马克思主义者，我从未考虑过这个问题。"

帕索里尼："你是如何看待伟大导演费德里科·费里尼的？"

奥逊·威尔斯："他才华横溢！他才华横溢！"

敕使河原宏：

我们是准备通奸的陌生人

敕使河原宏（Hiroshi Teshigahara），1927年1月28日出生于日本东京。日本新浪潮电影导演、花道家、美术家。2001年4月14日去世，享年74岁。

敕使河原宏的电影是拍给不安者看的，当然也包括像我这样顽固的不安者。早《他人之颜》两年，敕使便在《砂之女》中借昆虫学家之口，道出了所有现代人似乎习以为常的普遍性苦闷：所有那些文书，合同、执照、身份证、转让契约、登记、支票、借条、文凭、暂住证、会员证、保管证，甚至是家谱，有什么用？

正如《他人之颜》中的台词：面具会彻底毁灭所有人类的道德，包括名字、地位、职业……所有这些标签都将不再重要，彼此之间都会感到陌生。独自一人将会是自然而然的，将没必要为此感到心虚。

异曲同工的是，无论《他人之颜》抑或《砂之女》（以及另一部构成三部曲的《陷阱》）都是关于现代人身份的迷失。《砂之女》中的迷失是将肉体抛掷于荒野而不顾，《他人之颜》中的迷失则是给主角戴上面具。

不同于《砂之女》中以荒漠为蓝本的空间“褶皱”，影片《他人之颜》中的“褶皱”则更多倾向于时间。换句话说，《砂之女》中的时间是被抽空的，物理性流动的荒漠顶替了时间的流动。《他人之颜》中的空间相对稳固（除了变幻莫测的医生诊所），唯有主人公奥山的脸经历了一场时间的瞬变。而在时间与容颜之间，褶皱充当了间隙角色，并借由镜子显影。我想，这也是日后金基德用“时间”之名刺探整容手术的缘由。

褶皱就像阴影，就像幽灵，就像游魂。褶皱注定是让人不安的，它是我们需要穿越的人类迷宫中的无数阴沟与歧路。然而，摊开在医生手术台上的那张假面，为了寻求逼真，却注定少不了褶皱，这是人类与生俱来的命运藩篱。这一刻，作为现代人的我们的脸，开始涌现出流沙属性，每个人的体肤便是自给自足的微型沙漠。

然而，最可怕的还是人类内心的褶皱，就像沙漠中骤然洞开、暗流喷涌的深渊，正如医生所言面具会彻底毁灭所有人类的道德。当面具更合脸时，昔日饱受毁容之苦的奥山彻底成为新人，一个没有登记的隐形人。

于是，疯狂的复仇之旅黑暗上演。而在诸多的复仇计划中，引诱妻子无疑是最让奥山享受复仇快感的一次。那一刻，他对她说，我们是两个准备通奸的陌生人。

在奥山与妻子的某场谈话中，妻子道出“女性从来没有隐瞒自己化妆”的事实，她借《源氏物语》中的话“隐藏容颜被认为是高尚的”

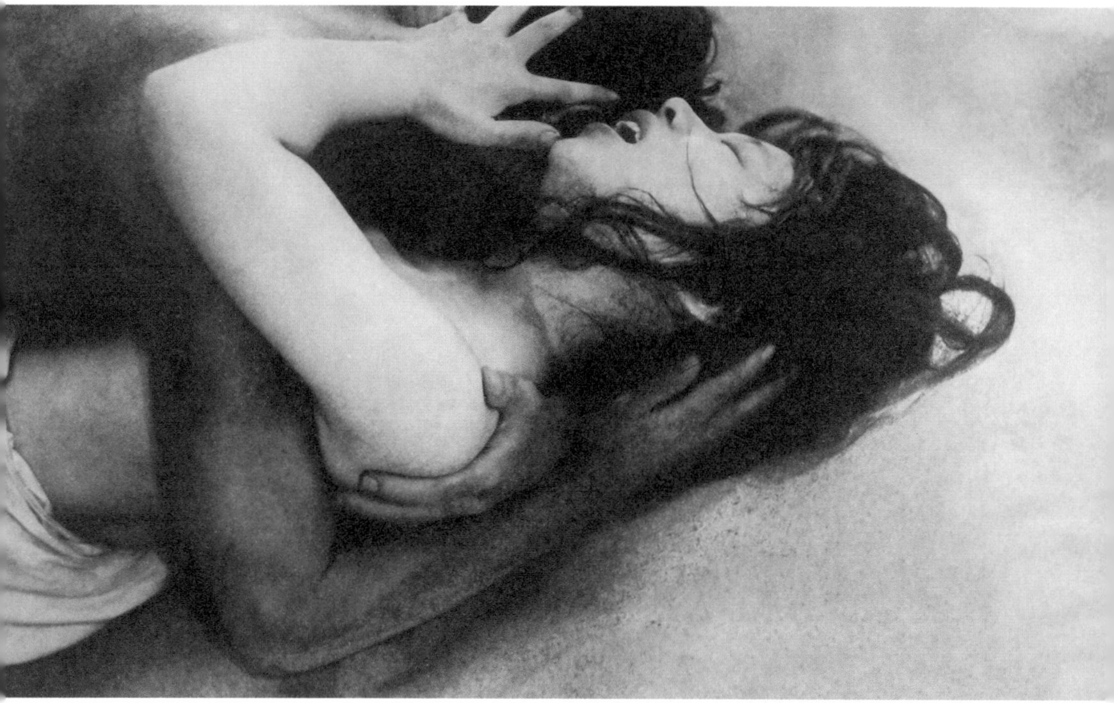

敕使河原宏《砂之女》剧照

来加以明证，但奥山并不相信。在奥山看来，女人化妆不过也是一种习以为常的戴面具行为罢了，除了取悦异性，别无他用。

但奥山不曾明白的是，化妆虽然遮蔽了真面，但却是以邀请姿态迎向他人；而缠满绷带的奥山自己却是以格格不入的姿态面对这个世界，全然与他人背道而驰。仲代达矢饰演的奥山，从始至终都躲藏在面具背后，前半场戏以绷带，后半场戏以假面。

头裹绷带的奥山无疑是日本影史上最负盛名的角色之一。与此类似的角色不胜枚举，如三木聪《热海的搜查官》中的东云麻衣、阿

敕使河原宏《他人之颜》剧照

莫多瓦《吾栖之肤》中的变性人薇拉、市川昆《犬神家族》中的佐清、板尾创路《月光假面》中的森乃家兔、乔治·弗朗叙《没有面孔的眼睛》中的克丽丝汀，等等。

而藏匿在这些绷带或面具背后的脸孔，也因其视听感知上的神秘心理效应，而被各自赋予了符号意味。纵观敕使的《他人之颜》，看似从头到尾都在拍脸，其实却根本没有真正的脸。我们目力所及的，不过是由绷带构建的医疗面具，以及看似瞒天过海的人造假脸罢了。

安部公房在他的小说原著里写道："真面乃是对假面不完整的模仿。"这句话道出了"人生而为人"的悲剧秉性。人为建构的假面，逃不开完美无缺却注定庸俗的命运。比如奥山疑虑医生为何要给假面留一颗痣，医生说因为大多数人都会有缺陷。

这也是人体与艺术品的区别所在，活体的断臂者终究成不了女神维纳斯，而只能是残疾人的悲剧性宿命。于是，奥山最后杀死了医生，他需要守住这个虚假的秘密，即便孤独至死。

日本新浪潮风起云涌的20世纪60年代，也是敕使河原宏作为导演的创作巅峰期。1962年的《陷阱》，1964年的《砂之女》，1966年的《他人之颜》，1968年的《燃烧的地图》，两年一部的稳定性创作，作品全部改编自作家安部公房小说，其中后三部在文学领域合称为“城市失踪三部曲”；但在电影领域，前三部最为声名远播，合称“安部公房三部曲”，或“存在主义三部曲”。

在《他人之颜》的结尾，安部公房道出了自由即孤独的真相，而敕使河原宏的镜头则恍然对准了满大街影影绰绰的无脸之人，正如医生对奥山所言：你不是唯一孤独的人，而自由常常是件孤独的事。伴随着武满彻科幻气味浓郁的配乐，三人联手向影史献祭了一个孤独而伟大的结尾，至今为人津津乐道。

至于所谓的敕使河原宏“铁三角”，指的便是他与安部公房，以及鼎鼎大名的配乐大师武满彻。回想影片中奥山与医生常去的那家新桥酒吧，总有人在演唱一首如《左岸香颂》般的圆舞曲，旋律如迷，人生如歌，恰是对《他人之颜》的最好注解：

> Ich schaue dir ins Gesicht,das vor mirsteht
>
> 我看着在我面前的你的脸
>
> doch erkenn' ich dich nicht mehr.

但我认不出你了。

Wo bist du? Wo bist du?

你在哪？你在哪？

von gestern,du?

你来自昨天？

Einst im Nebel sah ich dich so

我曾在雾里看见你

wie hinter milch'gen Glas gestellt,

就像在乳白色的玻璃后，

du warst mir nah, und doch weitentfernt.

你近在眼前，却又远在天边。

Einst im Mondschein

我曾在月光中

wie in gläserne Haut gesteckt

看见你苍白的皮肤

du warst mir gut, doch entfremdet.

你这么近，却仍是个陌生人。

罗伊·安德森：

公共场所与死亡群像

罗伊 · 安德森（Roy Andersson），1943年3月31日出生于瑞典哥德堡，知名导演、编剧、剪辑、制片。

从水城威尼斯载誉而归，到北京电影节引发热潮，瑞典电影大师罗伊·安德森的第五部长片《寒枝雀静》终于绕过大半个地球来到我们面前，也注定成为他创作生涯中曝光率最高的一部电影。

作为罗伊·安德森“生存三部曲”的最终篇，《寒枝雀静》延续了前作《二楼传来的歌声》和《你还活着》中探讨的人性与死亡主题，以七年一部的超慢创作频率，从容不迫地冷静勾勒着西方群像与历史浮生，作品始终充满诗意、阴郁、幽默、思辨的作者导演风格。

纵观影片《寒枝雀静》的叙事脉络，除了开场几则死亡小故事外，大部分是以两位推销搞笑玩具的流动商人为叙事线索，跟随着他们兜售商品的脚步恣意穿越于过去、现在和未来。他们就像两位寡言少语的导游，不动声色地游走在不同时空中，将现世的末日恐慌与历史的兵荒马乱彼此联结，展开一场无厘头的人生悲喜剧，并涌现出一种超时空的无序的自由。

全片仅由39个场景构成，固定机位，放弃特写效果，以避免蒙太奇对观众视角的蓄意操纵，试图把观众推在任何一个特定视角之外，使观众与人物的内心世界相隔离。也正因此，罗伊·安德森惯来被认为是镜头语言的“洁癖大师”，而他自身也常常自嘲患有“细节强迫症”，以至于从影30多年来，仅仅拍成五部剧情长片。

在《寒枝雀静》中，罗伊·安德森将大部分演员的脸都涂成了白色，还画了黑眼圈。按他自己的话说，这是对日本能剧或马戏团小丑的化妆借鉴。正如崇尚极简主义的布列松导演所笃信的，没有表情的表演才纯乎自然，才更贴近于人性。而在日本歌舞伎表演中，涂白比不涂白更能给人以强烈的存在感。

从千禧年《二楼传来的歌声》开始，罗伊·安德森就开始了批量制造白面群像的标志性把戏。到了2007年的《你还活着》，白面妆容已经成为演员们不可或缺的必要装备，以求完好无损地存活于人人戴着面具的时代洪流中。在人性黑暗的乱世，他们借白面偷得浮生；在看似丰饶的和平年代，他们依然离不开白面的庇护。直到荣膺威尼斯电影节金狮奖的《寒枝雀静》，荒诞、冷峻的白面群像已然成为罗伊·安德森电影的最重要标识之一。幽默点说，白面形象是为了配合电影中那两位推销员，他们兜售的玩具之一便是吸血鬼獠牙；而白面形象的存在，也恰如其分地揭示了人性阴暗面的吸血鬼本质，等级森严、恃强凌弱、残酷欺压是每个时代都逃不开的人性牢笼。正如在罗伊·安德森眼里，所有演员都是被迫表演的白面小丑，逡巡于这个荒诞离奇的社会大马戏团，而刷存在的耻辱谁也洗不清。至于某些演员的妆容过分惨白，罗伊·安德森则坦言了他的喜好：像是古典戏剧里表现身故之人，像是启示录。

除了白面意象外，在影片的大部分时空里，无论主角还是配角都坚守着他们的沉默，常常缄口不语，最多只是唱唱歌，或者表述一些看似无关紧要的话。罗伊·安德森说过，让演员们面无表情，是为了突出对话的内容，即便只是稀松平常的生活用语，也能借此被赋予非同寻常的神性光辉。比如影片中那句出现了三次的"我很高兴听到你做得不错"，被影迷们指认为有"人性伪善"之意，带着强烈的罗伊·安德森色彩，仅此一句便可对导演的美学趣味与哲学思考做一番"管中窥豹"。窃以为，正是由于"沉默"的力量，才使言语的重要性被戏剧性地放大，富有含义的对话更直接、清晰地从面具背后传出。

不同于前辈大师伯格曼对封闭式私密小剧场的热衷，罗伊·安德森的影像舞台则更像一个个自由敞开的公共场所，所有人接踵连襟、涌进涌出，呈现出一种集体无意识的仪式感。但罗伊·安德森的公共场所是远离现实主义的，从《羁旅情愫》票房失利之后，他就基本放弃了现实主义，转而投入到更加抽象、纯净、视觉叙事的风格之中。由此，《寒枝雀静》的造梦时空便有了高度艺术化的超现实质感，时空中的众生相也被赋予了特殊的符号学意义，而非伯格曼式的钻心入骨的灵魂诘问。

从这一层面上讲，罗伊·安德森的场面调度似乎与安哲靠得更近，他们都热衷于将本土舞台元素融入进电影，时空维度上也同样任性自由。只不过安哲更辽阔一些，喜欢用广场、海滩、荒原作为360度长镜头的历史舞台；而罗伊·安德森更收束一些，惯以酒馆、街道、餐厅、礼堂等作为人物的生存空间，在《寒枝雀静》中还用到了博物馆、弗拉门戈教室、理发店等，多为非私密的公共场所，即便某几场戏人物稀少，空间却是完全敞开的。而他标志性的固定长镜头，则成为了铭记一系列场景或事件的不动声色的旁观者。

值得一提的是罗伊·安德森的时空哲学："我想要一个永恒的世界，在这里没有时间这个概念，任何人都可以在任何地点出现。"由此，《寒枝雀静》中的39场戏便借由两位流动小贩的足迹，被赋予了超越时空的魔力，比如现代人穿越到古代人的深夜酒吧，比如同样的角色既出现在1943年的二战时期，又出现在18世纪发萨王朝的酒馆里。舞台化镜头消融了时代烙痕，所有生存与死亡被赋予统一场，可见《寒枝雀静》的永恒性魅力便是打破了时空的壁垒，即便没有跌宕起伏的故事脉络，也能随时随地按捺住观众的心。正如人所言，历史是我们的马戏，现在是我们的牢狱，而未来则是只存在于想象中的星期四。

回溯影片中最长的两组镜头。其一是1943年的瑞典酒吧，漂亮性感的女招待员和年轻的海军战士们一起高唱《光荣之歌》："你可以喝到免费啤酒，如果你给哥德堡 Limping Lotta 酒吧女孩一个吻的话。"随后画面便切至70年后，步履蹒跚的老人在同一个酒吧里艰难地披上风衣，仿佛昔日的唇香犹在。其二是瑞典国王查理十二世掀起的两场战争，借由一个现代酒吧完成一胜一败的唏嘘转变，罗伊·安德森幽默地将这出历史戏码拍成了瑞典国王调情记，傲骨嶙峋的查理十二世命令随从赶走酒吧内的女顾客，却对年轻英俊的小酒保眉目传情，这

罗伊·安德森《寒枝雀静》剧照

一幕对史上著名同性恋国王的调侃，堪称罗伊·安德森抖笑料的典型戏码。

纵贯各个时空的死亡主题，无疑是全片都绕不开的人性阴霾。罗伊·安德森在开场安排的三则趣味死亡故事，无论是开酒瓶累死、临死的守财奴，抑或餐厅猝死，都涌现出一种对此嗤之以鼻的豁达姿态。但影片最后的滚筒焚尸戏却非常震慑人心，英国殖民者将黑奴成群抛入巨大的管乐器中焚烧，这样的死亡体验也曾出现在《二楼传来的歌声》中。抛开所谓种族等级的桎梏，所有人都注定难逃死亡。于是，那群围观焚烧戏的苍老的贵族男女，借由玻璃门的反照之光，被罗伊·安德森安排成了另一种政治意义上的死亡群像。

有人说，《寒枝雀静》像是一部没有主角的章节式电影，非要寻找主角的话，无疑便是那两个兜售玩具的流动小贩，一个叫萨姆，另一个叫乔纳森。他们行动迟缓地游走在不同时空中，努力兜售着吸血鬼獠牙、笑袋和"一颗牙叔叔"面具，然而始终无人问津。不仅如此，他们还得一面追讨着零售商的尾债，一面又被供货商追债。

基于罗伊·安德森在影像中表现出来的强烈荒诞气质，很多人习惯性地将萨姆与乔纳森看作堂吉诃德与他的侍从桑丘。而在我看来，他俩更像是《等待戈多》中的戈戈和狄狄，他们总是在同一时间、同一地点相遇，等待着那个艺术史上最具多义性解读的戈多。相较于时代特征浓郁的《堂吉诃德》，显然《等待戈多》更有着洞穿时空壁垒的魔力，也更具有通透过去、现在与未来的戏剧性张力。当然，无论萨姆与乔纳森的原型出自何处，把这部电影当成《堂吉诃德》与《等待戈多》的一次相遇，也是很有意思的一件事。

正如罗伊·安德森在采访中对萨姆与乔纳森做的幽默解读："刻画这两个角色的主意非常棒，一个视觉上非常突出，另一个总像昏昏欲睡的样子。和很多经典文学里的同盟者形象相似，他们都是失败者，试图跻身中产阶级，但又不断失败，而这种失败过程也提升了电影的幽默感。"

大岛渚：

浪潮在感官王国之外

大岛渚（Nagisa Oshima），1932年3月31日出生于日本京都府京都，日本演员、编剧、导演。
2013年1月15日大岛渚因肺炎在日本病逝，享年80岁。

2013年1月15日，大岛渚因肺炎病逝于神奈川县藤泽市，享年80岁。自1999年大岛渚拍完《御法度》至今，已十七年有余，殊不知，《御法度》冥冥之中竟成为他的遗作。而世人对大岛渚的印象依然雷打不动地停留于“情色大师”之名，不为别的，只因他曾拍下那部“臭名昭著”的《感官世界》。

大岛渚一死，各路媒体自然又拿《感官世界》来炒作，在我以为，这部电影虽成就了他，却至终也害了他，正如《索多玛120天》害了帕索里尼一样。唯独幸运的是，帕索里尼曾因《索多玛120天》而被杀，大岛渚却磕磕碰碰活到了2013年。

1976年，正是西方性解放运动盛行的年头，大岛渚携《感官世界》

参加戛纳电影节，一亮相就惊声四座，仿佛给这个欲壑难填的时代注射了一枚强心剂。自此开始，大岛渚招惹上"情色"的恶名，至死洗脱不掉。有人说，或许大岛渚本人以此为乐也说不定，但不可否认的是，情色标签几乎彻底掩盖了"感官王国"之外的大岛渚。时至今日，

大岛渚《感官世界》剧照

已然鲜少有人在意他的其他名号。

事实是，作为曾经睥睨一世的“日本新浪潮”头号旗手，年轻的大岛渚亦曾涉足社政题材，拍过一系列愤怒之作，最为著名的有《爱与希望之街》《青春残酷物语》《饲育》《太阳的墓场》《日本之夜与雾》等，大岛渚也一度被称为“东方的戈达尔”，而《青春残酷物语》更被视为日本新浪潮的“第一股浪”。

毋庸置疑，年轻的大岛渚身上具备着一股无政府主义气息。纵观其前期的一系列作品，往往都以反传统、反体制为影像标识，充满了前卫独特的个性，以及先锋实验的色彩，且极富时代意义。而他影片中的主人公，则常以悲剧的反英雄形象为主，他们义无反顾地控诉规则、破毁世界，却终究无法凭一己之力再重建一个王国。

作为新浪潮发轫之作，《青春残酷物语》便是以一种粗线条的愤怒气息表达反抗，其间呼之欲出的爱与恨不知曾炙烤着多少滚烫的青春。在那个年代的日本青年们看来，大岛渚这部电影“第一次抓住了青年身上真正最深层的东西”。他们在迷惘中追寻现实的意义，或以生离，或以死别。若言今村昌平是以“书写蛆虫，至死方休”，那大岛渚则是以“生命书写未来”，即便这一场书写注定以死亡的悲剧而告终。

而在《太阳的墓场》中，大岛渚则以其青春的愤怒点燃内心的王国。他重忆学生时代的满腔热血，重忆学运失败的愤懑难鸣，他将太阳的力量投注于影像，即便终将面临墓场的镇压与埋葬。于是，在《爱与希望之街》《青春残酷物语》《太阳的墓场》等吁世之作后，大岛渚又接受了松竹公司《日本之夜与雾》的拍摄，以一种极具时效的战斗姿态睥睨当世。大岛渚根据自身经历大胆改编，提出了亲自参加学生运动的疑问和体验，展现了日本20世纪60年代掀起的“造反”狂飙及“反体制”运动所遭受的痛击。

按大岛渚的话说，他的艺术生命是和反对日美安全保障条约同呼吸共命运的。无奈的是，由于影片过分指摘时政，正触到了当局的痛处，且首映两日票房惨淡，遂在上映三日后松竹即下令撤档。自此，大岛渚携伙退出松竹，自组创造社，决意远离制片厂工作方式，转而开始了自己的独立电影生涯。翌年，36岁的今村昌平高调拍完《猪与军舰》，同样以日本新浪潮之风称誉于世。而当提及大岛渚时，他却认真地唏嘘叹惋道：“我是乡巴佬，他是武士。”

时过境迁，大岛渚亦曾在访谈中重忆过此番旧梦。值得一提的是，他竟视《青春残酷物语》等经典发轫之作于不顾，将《日本之夜与雾》定义为自己“真正意义上的第一部作品”，并喻其为“燃烧在黑暗中的火焰”。于此，他还引用谚语以示梦想的阵痛：“我们就像潜游于深海的鱼，我们无法找到光亮，除非我们自己发光。”这一刻，我仿佛着实看到了散放于大岛渚身上的光亮。正如世人所评价的：他是一位没有君主的武士，一位电影世界的浪人，他以自己的武士道精神雕刻着“菊与剑”的艺术生命。

影片《仪式》拍于风云变迁的1971年，在《新宿小偷日记》之后，《夏之妹》之前，是大岛渚创作中期的一曲黑色间奏。《仪式》讲述了一个极其纷繁错杂的故事，以一场场高度仪式化的日式祭典，展现了日本传统家族的兴衰荣辱、生死存亡。而对于充斥其间的纲常伦理、人生百态，大岛渚则极尽批驳之能事，他或以反讽，或以悲歌，表现出一如既往的反战意识与热血情怀。

在大岛渚的一系列作品中，《仪式》的知名度虽远不如《感官世界》《青春残酷物语》等作品，但从艺术成就上而言，它无疑是一部享誉后世的杰作。正如人所言，伊丹十三的《葬礼》终究只讲了一个家族，而大岛渚的《仪式》却讲了一个世界。

影片《仪式》由童年、成年、中年等多时空交织而成，借由男主角满洲男的独白，将不同时期的情绪状态融为一体，有条不紊地舒展开一幅家族式众生画卷。1947年刚过正月的时候，年幼的满洲男随母亲从满洲潜逃回日本，却得知父亲韩一郎已死，这一天刚好是父亲的一周年忌辰。母子俩便徘徊于樱田家族所在的村镇良久，不敢妄入，但至终却还是为樱田家所逮。

借助这场戏，大岛渚为影片奠定了一个等级森严的悲剧基调。祖父樱田一臣作为家族首领，阴沉沉站在坡地高处，居高临下地对着满洲男母子喊话。那一刻，年幼的满洲男尚且对家族之事懵懂无知，直到多年后他才在心中回想起母亲的话：我们逃离了俄国人、满洲人还有朝鲜人的追赶，却在回到日本后，被日本人抓住了。

纵观《仪式》中对樱田家族的数次群像式描绘，大岛渚多采以凝重影调与工整构图，同时递增了静止定格镜头以呈现全景，突显舞台化效果，已然不同于早期的先锋实验风格。显然，由于传统题材限制的缘故，大岛渚选择了改变。所幸，改了面子没改里子，这看似重操旧业的迎合传统，却依然镇守着自由对抗的精神底气。

换句话说，大岛渚拍《仪式》的真正目的正在于，将一个恪守传统伦常的规则体揉捏成一个不规则体。或者说，他是试图从道貌岸然的传统准则中拖拽出礼崩乐坏的现实。从这一点而言，大岛渚此作确有与小林正树的共通之处。纵观《仪式》中对战后没落的樱田家宅的晦暗描摹，与小林正树《切腹》中那个阴气森森的武士世家有着异曲同工之处。

与武满彻大师灵魔附体的配乐一样，大岛渚反复安排于《仪式》中的祭典同样如一场群魔乱舞的混响乐章。影片中，樱田家族经历了一场又一场的祭典仪式，其中最重要的几场有满洲男父亲的忌辰、满洲男的成人礼、节子阿姨的葬礼、满洲男的婚礼与阿忠的葬礼，以及祖父一臣的葬礼等。在这连串的祭典仪式中，不同的家族成员各自表现出迥然不同的一面，他们或以悲欢，或以离合，或以漫长的苦守，或以死寂的沉默来面对着祭典。

于是，《仪式》仿佛让我们见证了战后日本的民族众生相，他们站立于各自的列队中，悲喜自守。或许，这也是大岛渚最靠近世界的一次。某些瞬间，我们仿佛看见整座地球村面目不清的幽影，正如作家芥川龙之介口中那“模模糊糊的恐惧”，滋生于水陆难辨的泥沼之中。

然而，雾那么大，究竟还能去哪里呢？这一刻，大岛渚和整个世界站在一起。大岛渚的影迷曾一度宣称其为“没有君主的武士”，看确非妄言。这一刻，这位不朽的武士在《仪式》中勇敢亮出自己的“菊与刀”，宣告了一个时代的最后崩塌与陨落。历史铭记这一场《仪式》，正如铭记大岛渚昔日毅然退出松竹自组“创造社”的风云往事。

有人说，大岛渚的愤怒有两种，或以身体，或以精魂。而《仪式》中的诸多性爱梦魇告诉我们，家族内室中这无休止的乱伦正是一场场灵肉的愤怒。想来，大岛渚对樱田家族血统命途的有意讽刺，亦是对日本天皇一族的无尽嘲讽。由此溯源，大岛渚对日本“乱伦”现象的母题表达，无疑是世界性的，即便《仪式》仅仅是一种象征性的混乱。

影片中最高潮的一幕死亡仪式是在阿忠被枪杀之后，他在满洲男婚礼上发表抗议性宣言，尚不曾宣读完一句，人就已尸魂两散。而荒谬婚礼后的醉生梦死，使得屈辱存活的满洲男亦有了身首异处之感。他醉醺醺闯入阿忠的灵堂，跌撞着靠近那具陈尸的棺木，用蛮力启开棺盖，将白布裹尸的阿忠从棺木中拖出，自己却赤身裸体躺入其中。那一刻，他宁可死去的是自己。毋庸置疑，这亦是影片中最具舞台效果的一场戏，整个灵堂深陷于黑漆漆的暮色中，唯棺木置放处投下一束光影，仿佛死亡便是整个舞台的中心。而更出彩的是，大岛渚借由这场戏，还将“性与死”作了一次奇妙的联结。

那一刻，律子迎向前，妄图将满洲男从棺木中拉出，但终究拗不过男人的酒后蛮力，被半拽入棺木中。彼时，律子之手则被赶来的辉道拉住。于是，一场迈足于坟墓内外的爱情角力便悄然影现，律子窃笑道：我们三个人终于连在一起了。想来，这无疑是大岛渚众多影像中难得一见的点睛妙笔；想及其五年后《感官世界》中炉火纯青的“性与死”，原来竟在《仪式》中已有过一次伟大的演习。只不过，《感官世界》是以最单纯的姿势讲述最难解的情感，而《仪式》则是以最复杂的纠缠为命运解锁，两者皆为极致，终无分孰优孰劣。

有人说，从子宫到坟墓的距离正是生命的长度。对人如是，对一个家族亦是如此。樱田家族的生死存亡、兴衰荣辱，正如战后日本的一次岛屿式影射；与此同时，它亦是所有家族与所有国度的生死缩影。当曾经森然林立的大宅轰然崩塌，一切腐朽的真相终于昭然于世。众人看见蛆虫啃啮后的悲剧残骸，看见旧规则背后的礼崩乐坏与脏乱交易。他们再也无力反思，更无力清洗，因为他们身上流淌的血液亦是肮脏不纯、被荼毒的。

大岛渚最“臭名昭著”的《感官世界》根据轰动日本的桃色新闻改编，讲的是京都艺妓阿不定与主人私奔但最终杀死主人的故事。曾有传闻，片中男女演员的情欲场面是真实拍摄的，《感官世界》完全属于情欲电影中的“硬核”。

有趣的是，《感官世界》的电影节之旅却遭遇“冰火两重天”。1976年，该片先到访柏林，首映后被以“色情”为名罚款，但在当年的戛纳电影节上，《感官世界》来势汹涌，引发了前所未有的轰动。由于影片尺度过大，当年大岛渚为了不让日本官方干涉，选择了日、法合拍的形式，把拍好的胶片直接送到法国进行剪辑和后期制作，才算绕过了这道障碍，并顺利参加了戛纳电影节。当时正值“性解放”时期，《感官世界》的出现，无疑是对艺术电影在情欲片领域的一次大胆拓展，戛纳首映时，影迷观影热情太过高涨，以至于官方安排了13块屏幕同时放映，才满足了观众需求。

若抛开赤裸裸的情色噱头而言，大岛渚影像内部的浮世格调与古典气息着实令人着迷。他将幽闭空间内的“性与死”融筑成一个世界，亦如失乐园的生老病死。有人打过个有趣的比方，若将每个人生命中的“衣食住行”等外物抽空，唯一剩下的也便是“性与死”的本能。于是，任何鄙薄《感官世界》的说法都显得捉襟见肘、寥无意趣。

显然，这一时期的大岛渚依然在不停地“否定”自己。按他的话说，电影人必须恪守“自我否定”规律，以避免衰退。年轻时，他以此为“艺术必须反映现实”正名，而今，他却转入人类内心的另一种“现实”，这份向内的现实，更关乎人性的欲望与恐惧，更关乎命运的迷惘与虚无。于此，整个70年代，大岛渚明显放慢了创作步伐，而将更多的时间置身于关于“性与死”“罪与罚”的思考中。

在《感官世界》令其声名鹊起之后的1978年，大岛渚才决意拍摄了它的姊妹片《爱之亡灵》，讲述了一个鬼魂死而不去的日本民间故事，并最终借此荣膺第31届戛纳电影节最佳导演奖。在《爱之亡灵》中，大岛渚进一步将性与死推向极致，将原始的本能与恐惧投掷入野性的呼喊。回想影片中的那口井，正如人性的欲望黑洞，全无止尽。

于是，大岛渚让我们的灵与肉在这黑洞中相遇，彼此刺探对方的罪与罚。那一刻，武满彻的配乐如幽魂附体，而大岛渚的创作走向亦由此成为众口非议的一个谜。《爱之亡灵》在欧洲受到认可，使得大岛渚重回日本本土影坛的关注视野。然而，评论上的两极分化终难消闲，正如日本评论界一度不待见黑泽明的《罗生门》一样。

在日本评论界眼中，大岛渚对于1895年日本社会的描摹显得哗众取宠，更像是按照西方人的东方主义思维在塑造想象中的日本。直到1986年，大岛渚受法国之邀执导了外语片作品《马克斯我的爱》，日本评论界更是一片哗然。该片以极尽戏谑狂讽的姿态讲述了外交官妻子玛格丽特与黑猩猩马克斯之间的爱情，充满了超现实的对政治的讽喻。所幸，大岛渚并没有简单效仿西班牙导演布努埃尔式的尖酸犀利，同时他也隐藏起了自己以往标志性的凝重批判，取而代之的是温情、理智与幽默。

2013年大岛渚病逝，与他相近时间去世的日本导演还有新藤兼人、若松孝二和堀川弘通。由此，这四位导演的共通性亦一度成为众所热议的话题。与大岛渚一样，新藤兼人曾凭《鬼婆》《裸岛》等惊世骇俗之作名噪一时，而若松孝二则以《隔墙有秘》《芋虫》等著称于世，堀川弘通虽名气较小，但也不乏《军阀》这样的佳作。相较之下，这四位名导皆在日本电影史上占有一席之地，且极具鲜明的反战意识，将人性的疮痍投掷于历史的嘘声中。与此同时，新藤兼人、若松孝二也与大岛渚一样热衷于情色表达，以性反抗政治。

如今回想，大岛渚电影生涯的前后期缘何差异如此之大，其所遭遇的经历固然可算作是始作俑者。纵观大岛渚后期作品，显然不同于其前期作品的张扬外放，而是以另一种极端的内隐姿态，缔造着另一个王国。换句话说，早期的大岛渚是行走于外部世界的武士，而后期的大岛渚则是自立于个人王国的国王。

哈内克：

冰冻的火焰编年史

迈克尔·哈内克（Michael Haneke），1942年3月23日出生于德国慕尼黑，奥地利编剧、导演。

三年前，当迈克尔·哈内克从终结者施瓦辛格手中接过金球奖杯时，他说，我从未想到会在好莱坞从一个奥地利人手中接过奖杯。在这略显违和的戏剧性一幕中，我们方才得知，施瓦辛格原来并非土生土长的美利坚人。而哈内克这句话，也使我们恍然惊觉，一方水土养一方人，虽同为奥地利血脉，却久已殊途难归。

金球奖后，哈内克又凭借《爱》首次擒获奥斯卡最佳外语片，在此之前，他已身任两届戛纳电影节的金棕榈奖得主，而这一切仅仅发生于三年之间。2009年凭借《白丝带》获得戛纳金棕榈奖，2012年又凭借《爱》再次获得这份戛纳电影节最高荣誉，成功入驻“双棕榈俱乐部”，并且还站上了奥斯卡领奖台。

纵观奥斯卡"双棕榈俱乐部"，除了最新入驻的英国导演肯·洛奇之外，还有如下六位：弗朗西斯·科波拉、今村昌平、达内兄弟、阿尔夫·斯约堡、比利·奥古斯特和埃米尔·库斯图里卡。对于大器晚成、冷酷到底的哈内克导演而言，戛纳的肯定虽然是难得的荣耀，但对于习惯了反抗的艺术家而言却是值得商榷的，这种肯定往往容易演化为变相的归顺。正如鲍勃·迪伦在获得诺贝尔文学奖后所言："扼杀一个反叛者的最好方式，是给他颁发一个奖项。"

天真如笔者，原以为像迈克尔·哈内克这么严肃的导演是不会有什么八卦的。然而，各种意想不到的消息却让人连番称奇。比如，据说哈内克其实和克里斯托弗·沃尔兹（因《无耻混蛋》和《被解救的姜戈》两度获得奥斯卡最佳男配角，还曾凭借前者获戛纳电影节最佳男演员奖）是法律上的兄弟关系，而他们的父亲则是大名鼎鼎的奥地利作曲家亚历山大·斯泰因布雷彻（Alexander Steinbrecher），他1982年因病去世，生前为诸多影片配乐，也曾写过大量流行音乐，在维也纳很出名。此君经历过多次婚姻，继子无数，其中二位便是哈内克和沃尔兹。

再比如，哈内克从小立志要成为钢琴演奏家或者牧师，也许这便是他向来以牧师造型示人，并执意拍出惊世骇俗的《钢琴教师》的缘故。倘若他愿望成真，世上也许会多出一个平平无奇的钢琴师或者牧师，但却会缺少一位大师级的电影导演。幸好哈内克的母亲是德国一位知名演员，天生的电影氛围让他很早就开始接触电影。

哈内克关于电影的最初的童年记忆，是四岁时祖母带他去电影院看劳伦斯·奥利弗自导自演的《哈姆雷特》。但他对电影的热爱要追溯到遥远的1948年，在奥地利战后儿童交换项目中，哈内克被妈妈和继父送去了丹麦。按哈内克的话说：“那是我童年里最艰难的经历，当我回来后，我有两个星期没有和父母说话。”但是这段旅途却让他真正迷上了电影，“我们看了一些在非洲拍摄的骆驼和棕榈树，当电影结束时我就被它迷住了。当灯光亮起，门开了我们走进了外面哥本哈根寒冷的夜晚，我无法释怀。我不理解我们是怎么样那么快地从非洲回到了哥本哈根。”

作为当今奥地利最具盛名的大师级导演，哈内克对电影创作的执着追求几乎到了吹毛求疵的地步。纵观哈内克的一系列电影，从《第七大陆》到《钢琴教师》，从《趣味游戏》到《白丝带》，哈内克始终秉持自己编剧执导的理念，他对影片中的每一个细节都要求精益求精，以至于演员没有太多自由发挥的余地。但哈内克对演员的控制又不同于“只爱用非职业演员”的罗伯特·布列松，他习惯于从职业演员身上挖掘他们不同于以往的特质。

2008年，哈内克将自己早年的作品《趣味游戏》翻拍成英语版在美国上映，这部讲述某个家庭遭到两名年轻人暴力残害的影片，曾经让无数观众身心不适，更有许多美国人在首映礼中途离席而去。那一刻，唯有哈内克自己在影院出口处用掌声庆贺着观众们的愤怒。因为这让他想起1976年少不经事的自己，那一年意大利最具争议性的导演帕索里尼的遗作《索多玛120天》在欧洲一些国家上映，年轻的哈内克也成了亲眼见证这部影史著名禁片的群众之一，据说他当年看完后惊魂不定，硬生生病了14天。

正是这样的哈内克，日后却如帕索里尼一般同样执着于拍摄让人身心不适的作品。因为他相信，争议永远只是一时的虚妄，时间会为

哈内克《爱》剧照

真正的杰作正名。对于深受过欧洲“反法西斯”熏陶的哈内克而言，人性与暴力无疑是其导演生涯中的重要主题。从1989年首次执导处女作《第七大陆》以来，哈内克从影仅20余年，但凭借其厚积薄发的创作功力，已足以身任“欧洲新电影大师”之名，甚而有人称其为自伯格曼之后最善于挖掘人类情感的大师。

从创作层面而言，拍于2012年的《爱》秉承了哈内克惯用的冷色调。从早前的“冰川三部曲”到两夺金棕榈，哈内克对人性与暴力的主题性挖掘经历了一步步深入的过程。在《钢琴教师》与《趣味游戏》中，暴力还只是可见的人为暴力，具有惯常定义上的特殊性。到《隐藏摄像机》，暴力则成了不可见的操控性暴力，主人公的生活被置于赤裸裸的窥视下，由此带来了由外而内的恐惧。而《白丝带》中的暴力更上升为一场集体性暴力狂欢，整座村庄被看不见的法西斯阴霾所笼罩，众村民表面看似冷静如常，内心却如坐针毡，仿佛冰冻的火焰。在《爱》中，哈内克则似乎讲述了一种更大的暴力，它深深隐藏于“爱”的背后，以一种背向于暴力的姿态，带出人性黑暗的一面。

无解的罪恶，随谜团释放后的巨大沉默，在哈内克电影中一以贯之。无论是《钢琴教师》抑或《隐藏摄像机》，都不仅仅局限于内容上的“开放性收尾”。哈内克的“开放”往往更多地渗入到影片的思想内核中，从精神层面洞悉内质性的思考。正是如此，《白丝带》中的任何暴力，包括那些罪恶的谜团，才无疾而终。即便观影者再如何憎恨那些残虐的施暴者，于哈内克而言，这一切都在时间的流转中慢慢稀释了。哈内克说，“在《爱》中，我给予了观众‘参与’这部电影的可能性，观众不再是被动地去消费影像，他们不再是被影像喂养的，说得赤裸一点，我试图强迫观众去做独立思考”。

哈内克《白丝带》剧照

迈克尔·哈内克是典型的大器晚成的导演，47岁那年他才拍摄了自己人生中的第一部电影《第七大陆》。遗憾的是，他的父母在《第七大陆》发行前就去世了，无法亲眼见证哈内克日后的巨大荣耀。而哈内克自己则有四个孩子，他唯一亲生的孩子来自他的第一段婚姻，他的第二任妻子苏茜则给他带来了三个年龄在30—40岁的继子。对于从小身为继子的哈内克而言，他固然能够与他自己的继子们感同身受，但对继子们而言，哈内克电影中孤独而冷酷的气质，却并不一定为他们所能理解。

有必要说明的是，哈内克与沃尔兹是亲戚关系，但他对那位让沃尔兹名扬天下的好莱坞鬼才导演昆汀·塔伦蒂诺却很不友好，“我觉得像《低俗小说》这样的电影，它们就是在强奸观众，它们把暴力当作消费品来用，让观众视之为可以把玩的儿戏，这是我不喜欢好莱坞的原因”。当然，哈内克也深知，“和好莱坞电影一样，我也用电影强奸观众，但不同的效果是，我是想让他们觉醒”。

路易·马勒：

你看见独角兽了吗

路易·马勒（Louis Malle），1932年10月30日出生于法国蒂姆里，法国电影导演、编剧、制作人。
1995年11月23日，路易·马勒因淋巴癌在美国加利福尼亚州去世，享年63岁。

法国导演路易·马勒一生都在探求一种比“新浪潮”更“新”的东西，比之特吕弗和戈达尔的大张旗鼓，马勒的探求显然更贴近于隐遁姿态。私以为，路易·马勒的影像创新中总是有一种优雅的恪守。这种恪守尽管看起来传统复古，却丝毫没有消磨掉该有的新浪潮式锐气。

在我看来，这种风格更是一种隽永。从1958年的《通往绞刑架的电梯》至1975年的《黑月亮》，路易·马勒的创作或许谈不上最具革命性，但从艺术功力上而言，我暗自觉得可能比其他人更有研究价值。

1965年，正值法国“新浪潮”中期。37岁的让娜·莫罗刚刚合上布努埃尔的《女仆日记》，31岁的碧姬·芭铎亦刚刚逃离开戈达尔的《蔑视》，她们被齐齐召往路易·马勒的片场，拍出了这一部另类西部片《江湖女间谍》。马勒说，"这里没有铁马红河，也没有约翰·韦恩，而我更不是约翰·福特，我不过是一时迷醉，妄想着怎么把莫罗和芭铎两个女神凑到一起，于是才有了这一场江湖游戏"。

影片中，莫罗和芭铎扮演了两个同样名为"马利亚"的江湖女侠，纵舞驰骋于拉丁美洲的土地上。五彩绒帽和斑斓蓬裙取代了"宽毡帽、左轮枪"的牛仔装束，本应占据主导地位的打斗和枪战，也被大段大段的艳舞冲淡了粗犷的原色。路易·马勒借用美国西部片的外壳，将原本独属于遥远西部的精气神迁徙至拉美革命。而曾经的美利坚拓荒英雄们的狂歌，亦被重新调制成了法兰西马赛曲。马勒的调制还决然不同于其他导演的"反西部"意识，如佐杜洛夫斯基的《鼹鼠》，抑或普罗亚斯的《空气之魂，云之精灵》，看似诡谲诞妄，至少气调上还秉持着西部风骨。再看马勒，他却堂而皇之地在西部貌像中穿插了法式喜剧，甚而将西部牛仔置换成一对艳舞姐妹花，将原本只处于西部片副线地位的女性提拔为当仁不让的主角，而男性却只得沦为剧情升级的附庸，抑或为姐妹花的美色买单，抑或为她们摇旗呐喊。

不同于其他新浪潮主将，马勒的"新"从来不落单于形式，而更为着力于对内容的乔迁，我谓之为"异谈"，如《黑月亮》对神秘异域的涂鸦，如《万雅在42街口》对舞台剧的变调，以及《大西洋城》的枯木逢春。及至《江湖女间谍》，马勒犹在坚守着曾经的"新阵线"，就像法斯宾德终其一生都在捍卫着奥博豪森宣言。马勒将"马利亚"熔铸于无政府主义大革命洗礼中，实而是对信仰的一种褒美之词。法兰西式的浪漫在此被渲染成一束圣洁之光。艳舞与马戏的哗众之色，经由革命的洗礼，渐次有了巾帼玫瑰般的铿锵色泽。影片中，莫罗和芭铎从相知到相守的情感历程，一度令我想及杰弗瑞·萨克斯导演的《轻舔丝绒》，但马勒更注重于描摹两个马利亚之间的情谊。马勒借她们革命前后的命运及心境变迁，反映拉美独立革命的深入人心，并予世人一丝美丽柔软的念想，以打破暴乱事件缘由的血腥底色。

马勒还极力将喜剧精神融植于影片之中，法式讽刺惯有的夸张，大幅度的嬉笑怒骂，以及神经质的咬文嚼字，皆被呈现得酣畅淋漓。或许，这样的杂烩式描摹于影片有一种不伦不类之嫌，却又不乏是马勒的再一次大胆求新，一如雷乃的《法国香颂》亦是对音乐的一次全新定义。片中，马勒以桥段方式呈现了各种喜感，如舞台下全体观众脱衣、芭铎独自炮轰山头、火车前群体下跪等。最末，还以"弯枪管可从犄角边打枪"这样的可爱优势，从屠刀下救出了两个马利亚。

不仅如此，马勒的"新"亦是基于思考之上的"新"，他的大胆不同于戈达尔的恣意妄为，亦不同于夏布洛尔的谨小慎微。若言戈达尔是给电影穿上了"新外套"，马勒则是以"新内衣"试身。有人说这件"新内衣"原该属于特吕弗，可惜特吕弗被好莱坞拉扯得太远。而马勒却一直紧捏着一枚倒刺，将其深植于传统剧的内核之中。细看《江湖女间谍》，我们不难发现，本片的另类还在于其半隐半露的野心。马勒将宗教情愫植入影片之中，并一再地给马利亚戴上圣母的光环。马勒的塑形虽略显脸谱化，但芭铎与莫罗却演绎得有声有色。黑发莫罗的忠贞坚毅，金发芭铎的热情如火，从相遇相知到相爱相守，契如两个女神爱恨交织的双色滚筒。芭铎对英国人的繁复憎恶，对父亲的悲伤怀恋，时不时地潜藏于欢声笑语间，唯在独处时含泪疗伤。而莫

EL LIBERTADOR

路易·马勒《江湖女间谍》剧照

罗对于弗洛雷斯（拉美革命英雄）的挚爱则被深植于黑黢而又闪耀的宗教洄光之中。

其间有两个桥段极富宗教意味。监狱一幕，莫罗若一束白光踏入幽暗。幽暗中，弗洛雷斯若圣子般被捆绑，缚于十字架上，慢摇长镜若神隐之手。而莫罗对弗洛雷斯的亲密熨帖看似挚恋，实而却隐含着圣母马利亚对耶稣的爱，亦如里尔克诗作《圣母哀悼基督》，“你的影子在分开时遮盖了我……现在你躺在我的膝上，现在我再也不能，用生命带给你生命。”由此可见，虽《圣经》并不赋予马利亚以神格，马勒却虔诚地奉上一圈光环，予女神以挚诚的天主教徒式的赞美。另有一幕，两个马利亚与罗德里格斯在室内周旋的一场戏同样甚赞。芭铎和莫罗皆身着白衣，罗德里格斯则喝得酩酊大醉。背后的留声机播放着《白衣女人》的旋律。罗德里格斯醉醺醺地靠向前，玛利亚则缘其进退，各执一隅，绕行其内。马勒以转盘式高速运动镜头呈现罗德里格斯的酒醉状态，并运用了雕塑、镜子等意象，将罗德里格斯置于虚实不分的幻象之境。这一幕实而把马利亚意化成了一种美的符号。私以为，无论马勒将马利亚塑形成雕像，抑或以穿衣镜虚化她们，除了对美的升华，另有对爱的神谕。同时，其以荒诞戏谑的方式暴露了罗德里格斯衣冠禽兽的独裁之心。

影片的高潮出现于革命小胜之初。双色马利亚手执火车头，被烘托于人群中央，一如女神般呼喊着自由、民主、平等，未来的三色旗即以这样炽热而浪漫的方式栽下希望的火种。此时的马利亚，一如出落于神界的圣母，予世人以信仰的光辉。而当后人无数次呼喊“万岁马利亚”的时候，她们正手擎着火车头，穿过电影的黑白时空，仿佛一对永恒的女神象征体。及至那么多年以后，依然坚守着最初的卢米埃尔式的热情，而那亦是路易·马勒的热情。及至影片最后，芭铎的金发也被染成了莫罗式的黑发。那一刻，两个马利亚合二为一，站上巴黎舞台，唱起大西洋彼岸的革命歌谣。“大洋的另一边，有两个马利亚。一个是黑发的，名叫玛利亚，第二个是金发的，也叫马利亚。”

借西部片之名，以求独立革命之实。马勒的这一出“路见不平”之戏，或恐真的能疗救一大批愚民，但却全然予以美国西部片以另类的变调，若称言其为“法式西部片”，又似乎并未诞生足以树碑立传的标签。作品中固然有极富导演意识的妙笔，但多是出于对马利亚的宗教式寓指，而全无抬价西部片之处。私以为，其缘由正在于马勒绝无颠覆或革新西部片的野心，亦无巧取豪夺之意。他只是在致力于革命题材之余突发奇想地把玩了一下西部元素。想及40年前，路易·德吕克与谢尔曼·杜拉克因醉心于美国西部片，而拍摄出独具异国情

路易·马勒《黑月亮》剧照

调的《西班牙节日》，或许马勒也仅仅是出于一时的醉心罢。至于《江湖女间谍》此作的影响力，自然也无关于“反西部”“伪西部”之辞，只是给后来者提供了一套全新的叙述模式。于是，41年后，当好莱坞西部片的黄金时代早已沦落风尘，好莱坞借贝松之手又重新扒出马勒的这部老片，找来两位拉丁美女撑场。一副牛仔行头，挎枪纵马，驰骋于拉美旷野，也驰骋于整个好莱坞。而曾经的芭铎和莫罗，已然年过七旬。那段混迹舞台与沙场的性感时光，或许早已被更多的经典埋藏了大半。是年，碧姬·芭铎77岁，让娜·莫罗83岁。

路易·马勒拍摄于1975年的《黑月亮》，是一部充满神秘主义色彩的电影，讲述了另外一个没有礼节的世界的故事。影片中出现了獾、羊、蛇、马、猪、猫、鼠等各种动物，以及时隐时现的独角兽。马勒在电影里说：“宇宙永远不会消失，最后的幻影将你带入魔法的世界，那飘忽不定的星星在盯着我的心，明确的欲望让我醒了过来，白天的一切痴心妄想消失了。”

路易·马勒的作品中，《黑月亮》与《扎齐坐地铁》一样都充满着神秘气息，如月亮蒙上黑纱的情节更给神秘加码。马勒的影像经由少女莉莉的视线牵引，为我们展开了一幅看似今村昌平式的动物群像画。

但与今村不同的是，马勒镜头下的昆虫只占据一部分篇幅，其宗旨也不在于呈现生命的困境，更多的是指向一种异域空间的神秘。而在这层神秘之外，马勒又任性地蒙上了一块揭不开的黑纱，唯有一些关及战争、霍乱的象征若隐若现。

在《黑月亮》的影像文本中，我们大体可对此窥知一二。影片中关于荒园段落的架构，很像西班牙导演卡洛斯·绍拉的《极乐花园》，一半阴郁一半鲜亮；阴郁面对应战争，鲜亮处关乎追寻。而荒原旧宅内的病榻上的老人，则代表着一个时代的苍老钟摆；有一种解读说，老人对于鼠类的招引正是对中世纪鼠疫的隐射，并最终牵引到死亡的坟冢。

更为神秘的是后半场戏，独角兽的时隐时现与少女视角的屡屡错格，印证了虚实的暧昧关系，就像那个隐匿于月亮背面的神秘传说，标识着幻境中的实有或现实中的虚有。或者说，独角兽的存在恰恰投射了童年的魔法，就像宫崎骏的《龙猫》一样，独角兽也与儿时梦想的无花果、金银岛一起，注定沦为一个过往时代的对于梦想的标记。

有人曾说，马勒的这部电影是笼罩着巫气的。这股巫气的操纵者就像《白雪公主》里那个煮毒苹果的皇后，她把那些虎豹虫蛇切碎剁烂，一股脑儿倒入沸腾的锅炉。至于为什么是黑月亮呢？因为这种黑暗不仅仅属于中世纪的“中午的黑暗”，更是整个人类的“罪恶”之源。

回想马勒曾在他的《拉孔布·吕西安》中探究过普通人的罪恶，而在《黑月亮》中，他反向印证了罪恶的普遍性。当其他导演都以家族的混乱或战场的屠戮呈现罪恶时，马勒则独辟蹊径走了比别人更远的路。马勒所呈现的人性的荒芜，就像一份写给世界的神秘答卷，然后将其投掷进虚无空茫的宇宙洪荒。

回溯马勒《扎齐坐地铁》中的浪漫构想，他曾借一个小孩和一个老人的目光在埃菲尔铁塔顶上俯视整座巴黎城，他们所见的世界是一个狂欢的、弱肉强食的、被浪潮冲刷的世界。而在《黑月亮》中，尽管不曾出现巴黎城，却同样寓言了巴黎这座城市的末日姿态。这一刻，我暗自念想，原来马勒就是那个我一直所期待的末日占卜家。

从看完《黑月亮》那年起，占卜家路易·马勒便总会出现在我梦境里，一次次带我重回那座荒园，反反复复叩问我：今天，你看见独角兽了吗?

希区柯克：

抓住后窗那个偷窥狂

阿尔弗雷德·希区柯克（Alfred Hitchcock），1899年8月13日出生于英国伦敦，导演、编剧、制片人、演员。
1980年4月29日因肾功能衰竭在美国洛杉矶逝世，享年81岁。

每年4月29日是希区柯克的祭日。时过境迁，我们终于恍然惊觉，像希区柯克这样会讲故事的导演，恐怕真是绝迹了。这个性情乖僻的胖子，已然在他自己最擅长的电影领域里做到了极致，令后辈望尘莫及。换句话说，正是希区柯克这般天才导演的存在，才使好莱坞渐渐培养起做“好故事”的传统，并至终成为造梦工厂。回想曾有记者问希区柯克：你的电影深层逻辑是什么？他则言简意赅地回答道：满足观众！

犹记得，英国《视与听》杂志有个每10年一度的“影史五十部伟大影片”评选。在前几年评选的全新榜单中，希区柯克拍摄于1958年的《迷魂记》荣登榜首，成功击退了奥逊·威尔斯导演，及其曾连续五次独占鳌头的《公民凯恩》；而日本名导小津安二郎的《东京物语》则位列第三。

纵观希区柯克长达60年的电影艺术生涯，从大不列颠到美利坚，他始终精准游走于惊悚与悬疑的边缘，仿佛手持一把匕首，埋首行走于黑夜，剖开人性的秘密与欲望的黑白。他始终以近乎偏执的方式，一次次重回电影之源，将光影诞生之初的惊喜与迷狂投注于自身作品中。

希区柯克的创作生涯几乎横跨整个20世纪，从1922年执导处女作《第十三号》，到1929年完成第一部有声电影《讹诈》；从1935年执导著名间谍片《三十九级台阶》，到1939年入驻好莱坞打造《蝴蝶梦》；从1948年完成第一部彩色电影《夺魂索》，到1953年首次以立体电影技术拍摄《电话谋杀案》；从1963年签约环球影业执导《群鸟》，到1979年被美国电影艺术学院授予终身成就奖。希区柯克终其一生都在包装悬疑，并借此将类型片的娱乐精神得以充分发扬。回想1979年8月13日，正值希区柯克八十大寿，众人齐聚为轮椅上的他庆生。酒过半酣，他却突然从轮椅上晃悠悠站起来说："这个时候，我最想要的是一个包装精美的恐怖。"

希区柯克热衷于悬疑，亦痴迷于偷窥。正如有人所言，他既是大师，也是色鬼。观其创作生涯，有两个不得不提的名词，其一为"麦格芬"，其二为"自我客串"。毋庸置疑，"麦格芬"是独属于希区柯克的专有玩法，简而言之就是利用虚构人物做一个"不存在的幌子"。其中，《西北偏北》中的"麦格芬"最为经典，影片中一再提及叫作凯普林的间谍，真相却是此人根本不存在。回想《蝴蝶梦》中的丽贝卡、《房客》中的复仇者、《迷魂记》中的玛德琳，同样都是虚化的不

希区柯克《迷魂记》剧照

存在的人物。但对希区柯克而言，这些本质上的“不存在”，或许恰好就是电影存在的理由，亦是其追求游戏精神的至佳体现。

与此同时，希区柯克非常热衷于在自己的电影里作“自我客串”，常以路人甲乙丙丁的身份一闪而过，就像一枚既定的希区柯克式标签。按他的话说，这一切都是他故意为之，这样做是为了提醒观众这只是一部电影。

希区柯克钟爱金发美女，这更是众所周知的事。他的那些金发女主角们，便也难逃俗套地被称为“希区柯克女郎”。作为嗅觉敏锐的电影艺术家，希区柯克理想中的女性形象常具有“冰火两重天”的特质，即外表美艳如霞，内心冷若寒冰。在希区柯克的影像世界里，她们理应有雍容华贵、端庄古典的一面，与此同时，身体里亦可能藏匿着一座火山，情欲蓬勃，心火燎原。历数与希区柯克合作过的一系列女演员，无一不是典型的“希区柯克女郎”。其中，尤以格蕾丝·凯利、琼·芳登、英格丽·褒曼等最受人瞩目。而像玛丽莲·梦露，抑或碧姬·芭铎这类风靡一世的性感尤物，却丝毫不在希区柯克眼里。在他看来，她们都是“把性随时写在脸上的人”，毫无审美趣味。

在诸多“希区柯克女郎”中，英格丽·褒曼与格蕾斯·凯利无疑是最大的幸运儿。希区柯克与英格丽·褒曼的合作始于1945年的《爱德华大夫》，影片以意乱情迷的姿态讲述了一场黑色际遇，并自此进一步普及了精神分析理论对电影的影响力。而后是1946年的《美人计》与1949年的《历劫佳人》，褒曼皆以瑞典女星所独有的圣洁气质，贡献了自己的绝美时刻。《美人计》是一部关于卧底间谍的爱情故事，褒曼在片中饰演了一位女间谍，为求情报而被迫与敌人结婚。然而，表面看似假戏真做，她内心却无可抑制地陷入真爱。当真相被敌人识破后，褒曼在一场外出戏中展现了无与伦比的凄美，她拖着被过度下毒的身体，与男主角在马路长椅上接头，她强撑着虚弱不堪的身体，显得凄婉而动人。正是这一刻，《美人计》恍然有了永恒的力量，而希区柯克亦由此爱上了褒曼。

1954年，希区柯克遇见格蕾丝·凯利，如遇知音一般，他邀凯利

希区柯克《美人计》剧照

连拍了《电话谋杀案》与《后窗》两部杰作。次年，又邀其在《捉贼记》中一展美艳。回想在《电话谋杀案》中，希区柯克将凯利推入“红杏出墙”的非无辜者境地，至终宁愿尴尬收场，都不忍令其受伤。后来有人说，即便《电话谋杀案》如此乏善可陈，却无疑是希区柯克一生中的重要片段，只因他终于找到了梦幻中的女主角。而在《后窗》中，格雷斯·凯利换了一副时尚靓丽的姿态穿行于半敞开的房间中，金发红唇，身着白色睡衣，宛如夏日女神。

及至《捉贼记》，凯利则以一场甚为经典的“希区柯克女郎”式表演而备受称誉。影片中，凯利在与加利·格兰特饰演的男主角第一次见面时，始终保持着事不关己的冷漠姿态，仿若冰山美人。而正当格兰特要将她送回房间时，她却出乎意料地回转身来，丢给格兰特一个深深的热吻。按希区柯克的话说，这恰恰是他的女主角所独有的欲望之美，藏匿着“性的发现”的力量。这是希区柯克从影生涯中最如鱼得水的两年，得益于格雷斯·凯利的出现，他的灵感亦随之喷薄而出。用希区柯克的话说：“她是一个外表冷若冰霜的金发女郎，内心里却欲火熊熊。”

遗憾的是，在短短两年后，格雷斯·凯利无奈选择息影，并意外成为了摩纳哥王妃，结束了她惊鸿一瞥的光影生涯。婚礼前夕，希区柯克收到了凯利的婚礼请柬，然而他注定拒绝出席，以一种孩子气的蔑视结束了那短暂的片场欢愉。想来，那三部电影，或许便是希区柯克送给凯利的最好的新婚礼物罢。而那些独属于凯利的迷人时刻，终于再也未能重返。

2012年，为纪念希区柯克，好莱坞推出了导演传记片《希区柯克》。本片改编自史蒂芬·雷贝出版于1998年的同名纪实小说，讲述

希区柯克《捉贼记》剧照

了一代悬疑大师在拍摄《精神病患者》期间的心路历程。遗憾的是，本片最终以失败而告终。影片中，由安东尼·霍普金斯饰演的希区柯克无疑是最遭人诟病的一环。其肥胖侧影虽形似希区柯克，但正脸气息却全无神似之处，以至灵韵不足。至于斯嘉丽·约翰逊扮演的珍妮特·李，也受尽了影迷们的揶揄，那场众所期待的“浴室谋杀戏”，即便斯嘉丽费尽心力地表演，却依然难以与原作相媲美。唯有海伦·米伦扮演的希区柯克妻子阿尔玛，才是本片表演上的最大看点。

无独有偶，英国 HBO 也于2012年推出了一部电视电影《金发缪斯》，以纪念希区柯克之名，讲述了一代悬疑大师不为人知的另一面。

其中，英国男演员托比·琼斯饰演的希区柯克与美国女星西耶娜·米勒饰演的蒂比·海德莉，皆酷似本尊且令人印象深刻。不同于《希区柯克》的束手束脚，《金发缪斯》则浓墨重彩地表现了大师的真性情，甚而将其阴暗暴虐的一面也如数道出。有人说，英国这样拍希区柯克，更像是在抹黑大师，倒不像是为了纪念。但就我想来，这般真性情的描摩，以其自由而独特的魅力，使我们更贴近大师，接近本真。

影片以希区柯克拍摄《群鸟》时的片场历程为主线，讲述了大师对金发女主角蒂比·海德莉的残忍行径。这是希区柯克在经历过数任女主角“叛逃”后的1963年，在《群鸟》片场，他邪恶地放出了一群真鸟，将可怜的海德莉啄得遍体鳞伤。自此，海德莉与希区柯克结下宿怨。次年，在合作过《艳贼》之后，海德莉黯然离开希区柯克的片场，留给大师一个受伤而落寞的背影。那一刻，在摄影棚巨大的阴影里，我们谁也不知道大师在怀念着什么。

金基德：

只做三年阿里郎

金基德（Ki-duk Kim），1960年12月20日出生于庆尚北道奉化郡，韩国导演、编剧。

直到《圣殇》拥揽威尼斯金狮，我们才恍然，金基德真的老了，太多个春夏秋冬，将他拖入时间的洪流之中，一如被缚的顽石。这一座金狮，他着实等了太久。苦苦挣扎的三年，他将灵魂抛荒，将记忆掩埋，甚至于无数次想过放弃电影，更哪怕放弃自己。所幸的是，他总算没有放弃。三年后的这一场回归，最终释然了他的心结。我们看着他走上水城领奖台，擎起金狮奖杯，又一次唱响《阿里郎》。至此，韩国影史上又多了一部沉甸甸的金基德电影。

然而，《圣殇》虽为回归之作，却依然逃不开“19禁”的话题，大量性与暴力的画面，一如重回欲望的源头。而金基德的拥趸们，也久已习惯于从禁忌边缘来解读他们的大师。但在我想来，《圣殇》之所以捧得大奖，绝不是因为禁忌的回归，而是对禁忌的一种升格。显而易见，金基德已然将其早期的“暴力美学”与中期的“金氏哲学”，两相融合于《圣殇》之中，画出了一道悲伤而圣洁的音符。

有人说，梵蒂冈是意大利的眼泪，而金基德以“哀怜”之名，借《圣殇》再叙梵蒂冈，注定成为了威尼斯电影节的眼泪。这其中，仿佛有一种憾人的情绪，戳痛了所有人。换句话说，《圣殇》正是以一种哭泣的姿态拥抱了威尼斯。

毋庸置疑，《圣殇》片名源自米开朗琪罗大师的经典雕像：圣母怜子。而借着威尼斯电影节之噱头，《圣殇》推出的主题海报亦极力再现了“圣母怜子”像的神谕式悲伤，将梵蒂冈圣彼得大教堂的圣灵与空绝，完美地囊括其间。而影片的宣传语则一如过往秉承了金式禁忌派风格，或者说，即便金基德自身妄想摆脱过往的极致残酷，但其宣传团队却依稀不忘其前期作品的禁忌主色。于是，《圣殇》宣传语如是：“决不能得到原谅的一对男女”。想来，母子乱伦的情欲主题已然昭显无疑。禁忌至此，金基德在《圣殇》中对宗教与性的触碰底线，便由此了然可见。

印象中，艺术家常以“雕像也会死亡”为反骨之言，这是借用自阿伦·雷乃与克利斯·马克拍于1953年的左岸派短片名作。而今，我将其用在这里，则是从“正能量”角度考虑，一来指喻金基德对宗教与神迹的豁然态度，二来则指喻东方轮回观念与西方永恒传说的跨文化结合。然而，金基德的“负能量”从未消失，他依然戒不掉欲望的黑匣，更难以逃开情色与禁忌之名。所幸，《圣殇》中的升格哲学拯救了他。按金基德的话说，《圣殇》传达了这样一个残酷的现实：活

金基德《圣殇》剧照

在这个时代的我们所有人，都是共犯也是罪人，从神到人都无法真正自由。这正如阿伦·雷乃在《雕像也会死亡》中所言："当人死去时，他便进入了历史；当这些雕像死去时，它们便进入了艺术；而结局都是死亡。"

于是，金基德的瞬时苍老，总是促我想及卡瓦菲斯的诗句："你将走向原来的街道，在同一群人中衰老，在同样的房子里白发苍苍。"而这一切的缘由，恰恰来自《圣殇》前三年的"阿里郎"之行。

自2008年拍完《悲梦》，金基德经历了三年的电影空窗期，他隐遁入深山密林，与世隔绝，风餐露宿，最终换来一部寻觅自我心路历程的《阿里郎》。他说，拍不了电影，我只能拍我自己。2008年及2011年上映的《电影就是电影》和《丰山犬》，金基德都只署名编剧，导演则分别由张勋和全宰洪担任。无独有偶，俩人都由金基德一手提携，其中，全宰洪曾凭《美丽》一片荣膺"金氏最佳继承人"之名；至于张勋，却终因"叛离师门"之过，兀自成了金基德心头的隐痛。

在《阿里郎》中，金基德一人分饰三角，仿佛自我本体的三重分裂，灵与肉相互撕咬纠缠，直至遍体鳞伤。他自拍自导自演，将镜头对准原生态的郊野，以及活生生的现实。他看不见光，如同电影放映窗口被死神拥堵，只剩下黑鸦鸦的空幕。他释放着内心的困兽，肆无忌惮，恣意独语，不顾形象地在镜头前吃喝拉撒，甚至自制手枪，试图杀死过去的自己。一切看似毫无缘由，实然却久已积怨至深。作为非学院派导演，金基德早年一度混迹于电影之外，当苦役，跑搬运，遭人痛打责骂，受尽各般凌辱，也由此造就了其电影沉默寡言的特色。然而，水已过千条，山已过万重，又还需沉默多久才能跨过自己呢?

与赫尔佐格一样，金基德同样借《阿里郎》证实了一点：这不是纪录片，而是剧情片。或者说，原初并没有界限，任何划分都不过是人为的产物罢了。意即如此，金基德才能如此独具作者性，但他始终逃不开禁忌情结，以至于人戏不分，被时间囚困于记忆的牢笼。正如影片中金基德自我观影那一场戏，当他重望自己在《春夏秋冬又一春》中亲自背负石块经历残酷修行的段落时，禁不住愕然落泪。同为漂泊，艺术家谢德庆的《做壹年》是用行为漂泊，而金基德的《阿里郎》却是用灵魂在漂泊。灵魂着了邪，咽不下、喊不出、吐不掉，便如鲠在喉，及至熬成满头白发，蹒跚荒野，如同一身褴褛的拾荒者。

所幸，金基德没死成，《阿里郎》之行亦终于在三年后告一段落。翻过几座山，蹚过几条河，似乎一切都终得豁然，命运重沐阳光，而电影创作遭遇的瓶颈亦悄然被开启。及至2011年，《阿里郎》荣膺戛纳电影节"一种关注单元"大奖，而当年该单元的评委会主席，正是同样遭遇过远足漂泊的库斯图里卡。

作为金基德的第18部电影，《圣殇》恰如一场十八岁成人礼，一切破茧重生，终得启门远行。而回望金基德一整场的电影之梦，从1996年的第一部电影《鳄鱼藏尸日记》，到"隐居"之前的《悲梦》，再到如今的《圣殇》，他似乎从始至终都将自己锁在一个闭狭的房间里，深居简出，画地为牢。纵观其一系列作品，似乎处处可见这如同牢笼般的"空房间"，比如《漂流浴室》中的浮筏小屋，《呼吸》中的监狱，《弓》中的游船，《悲梦》中的篆刻室，以及《阿里郎》中的木屋，一切皆牢笼。当然，这其中最具代表性的则是拍于2004年的《空房间》，讲述了一个以"房间"为神游场所的奇妙爱情故事。而那一年，亦是金基德的最初辉煌之年，《撒玛利亚女孩》实至名归荣膺柏林电影节银熊奖，《空房间》则第一次有幸捧得威尼斯电影节银狮奖。也正是从这一年起，金基德凭借其独有的标志性情色禁忌噱头，悄然培养了一大批影迷，更有一部分人将其奉为新一代韩国情色大师。

不得不提的，还有金基德电影中的哲学观，通常被世人称为"金氏哲学"。而推究其原理，一者来自东方传统文化与轮回观念，再者则源自金基德在创作过程中所产生的不自觉对抗，如鱼缸与大海、子宫与河流、房间与绿地、栅栏与海岸线等，且每一种对抗都以"小大之辩"的方式予以观众强烈的心理反差。与此同时，则是百无聊赖的沉默，再沉默。想来，这便是许多人责怨金基德太过极端沉闷的缘由，甚至于他的演员在演完整部电影之后，都常常无法出戏，精神陷于半崩溃状态。回溯《空房间》，自始至终唯有一句"我爱你"作为全片仅有的台词，由此，相较于埃里克·侯麦、伍迪·艾伦这些极端"话痨派"导演，金基德的沉默果断该令人抓狂了。

于是，我们便足以想象，当金基德自己遭遇"拍不出电影"的严重瓶颈时，该是何等痛苦，以致沾染上女人特有的歇斯底里，在《阿里郎》中说尽了所有该说的不该说的话。后来，有影迷调侃说，金基德《阿里郎》中的台词量，比他之前15部电影的台词量加起来还要多。

独家私人专访

Exclusive Interview

乡愁不分南北

——专访《八月》导演张大磊

我与张大磊导演（右）的合影

本篇采访于2016年第10届西宁FIRST青年电影展《八月》展映后

第53届台湾电影金马奖再次诞生了一匹黑马，张大磊导演《八月》爆冷荣获最佳影片奖，成为年度华语影坛最大黑马。无疑，这是继陈哲艺《爸妈不在家》之后，金马奖再次对新一代导演莫大的鼓励与肯定。而年仅10岁的小演员孔维一也凭借《八月》囊获了最佳新演员奖。

2016年是杨德昌《牯岭街少年杀人事件》诞生25周年，这难免让很多台湾电影人回想起曾经轰轰烈烈的台湾新电影运动。时隔多年，杨德昌在世时期的辉煌盛世早已一去不复返，不免令人唏嘘遗憾。

张大磊的《八月》有幸让很多台湾电影人看到了昔日新电影运动的影子，而小演员孔维一还让人想到了杨德昌电影《一一》中的简洋洋。在我看来，这或许就是电影《八月》能成功囊获最佳影片，年仅10岁的孔维一能赢得最佳新演员的客观原因。

换句话说，无论是台湾电影还是整个华语影坛，确实都需要不断地注入这样的强心剂，才能在创作领域上寻求更多的可能性。回首前几年李安把金马最佳影片颁给新加坡导演陈哲艺的《爸妈不在家》，想必也是这个道理。

颁奖只是一时的狂欢，但其对于华语电影未来创作上的刺激与鼓励，无疑是更有价值的。如此看来，其实并不是《八月》需要金马奖，而是金马奖需要《八月》。

陆支羽 这是你的第一部长片，之前有拍过别的吗？

张大磊 应该算是第一部，我之前拍过，但是属于那种……可能我自己也不太愿意承认。

陆支羽 所以《八月》是真正意义上的处女作长片。

张大磊 对。

陆支羽 今天我看的时候，特别注意了一下配乐，我觉得音乐做得特别好。有用德彪西的音乐，是吗？

张大磊 主要是德彪西和拉威尔。

陆支羽 我觉得影片整体的基调比较隐忍，看似阳光灿烂，但在背景里面，它是有一些暗流的感觉，通过音乐体现出来了。

张大磊 是啊，就是这种暗流涌动的感觉，也是我记忆中的感觉。这场放映你是坐在前排吗？

陆支羽 我们今天这场放映是在西宁中心广场，特别接地气的一个地方，就像看露天电影。又正好赶上下雨，大家集体穿着黄色雨衣，有点像蔡明亮导演《郊游》的感觉。

张大磊 好遗憾没能去现场交流，实在是雨太大，又打不到车。

陆支羽 没关系，我给你反馈一下观众提问，一个是关于影片为何处理成黑白片的问题，当时你是怎么考虑的？

张大磊 其实特别简单，当时选择做黑白片，是因为有好多巧合，也有很多朋友问说做成黑白片是不是一个噱头，或者说刻意要这个风格，因为去年吕松野拍万玛才旦的《塔洛》也是黑白的。

陆支羽 这跟两部电影用了同一个摄影师有关系吗？

张大磊　最开始没关系的，就是我在做剧本时，实际就是选择做黑白的，但是我们拍的时候，没按黑白的去拍，我们按彩色去拍的。我当时第一年写完了剧本，要拍的时候去找投资，有好多制片方，还有一些前辈们，他们建议我不要这样做，觉得黑白片过审的几率会比较低，因为我想拿龙标（电影的“准生证”，出现在片头的绿底龙头标志。——编者注），所以我当时在拍摄的时候是做了两种准备，现在看起来有些地方实际上从光感、对比度方面是有些遗憾的。

段　炼　但我觉得好像你这一版 DCP（Digitally Controlled Potentiometers 的缩写，数字电位器。——编者注）应该是黑白色之后又重新调色了吧？我感觉跟我之前看的不太一样。

张大磊　我描写的那种感觉，在我印象里就是黑白色，非常简单。如果是彩色的话会很具象，可能观众在看的时候会联想，会和自己的印象对号入座。但是做成黑白色之后，就会显得很有时代感

段　炼　当时为什么没用胶片？

张大磊　没钱买胶片。

陆支羽　你整个片子花了多少钱？

张大磊　我这个要分好几步。前期拍，实际上是我自己投入了大约六七万元，包括写剧本，探景，以及我在拍这个片子之前拍的样片，就完全自费，这些花了四万多元。

陆支羽　大磊导演在俄罗斯圣彼得堡待了几年？

张大磊 圣彼得堡，我就待了五六年。

陆支羽 挺长的，你就读的那个学校有出过哪些俄罗斯导演?

张大磊 没有出过导演，我们学校以前是工业院校，就是造胶片、镜片之类的。

陆支羽 你在拍摄《八月》时有没有受到俄罗斯一些电影大师的影响?

张大磊 实际受到的影响，不是俄罗斯电影大师，或者他们那儿的电影美学直接给我的，实际上来自我个人经验。因为在那儿一共生活了七年，七年的时间，对家的印象，或者对过去的印象就很客观了，有些感觉就不一样了，再加上苏联解体以前影响过很多国家，它现在生活的方式，包括我们能看到的建筑或整体的感觉，还是有那个时代影子的，让人觉得又熟悉又陌生。

陆支羽 俄罗斯是一个特别能激发乡愁的地方吗?

张大磊 对，有乡愁在，而且是谈到就觉得伤感，非常难受，真的是很难受。但是也激发了一些东西，包括塔可夫斯基，在《八月》里面，也有很多他的影片给我的一些感动，比如说《伊万的童年》或者《压路机与小提琴》，里面有好多情景是这么多年我一直想要在电影里面呈现的。比如说在《压路机与小提琴》里面，雨后有一个大锤子砸楼房的画面，我觉得很浪漫的。还有雨后小主人公跟那个工人在一个积水旁边跑步，后来走到一个橱窗前，他看到一个破碎的镜子里面五光十色的球。

陆支羽 苏联影片的风格好像以前有一段时间在电影史上被称为

社会写实主义，《八月》传递给我的感觉就隐约有点那段时期的影子。

张大磊 确实有，在那个大时代的背景下，人的命运其实有一点随着时代在具体流转。比如20世纪70年代的那部《阿丰尼亚》，就是很城市，七八十年代苏联城市电影里面有好多的场景，我是去做过认证的，更早的时候，我会拿着片子问我父母，我说咱们国家，尤其是在我生活的环境中，有没有这种感觉？他们说没有，但我就觉得是那个样，就是苏联的那个样。

陆支羽 从个人情感而言，我的生活体验与《八月》有很多共通性，虽然拍的是北方的一个小镇，但身为南方人的我，觉得电影中也有很多南方的影子。我很喜欢一些细节上的处理，比如那棵树，比如那个小鸡啄米的闹钟，都是我童年的一些记忆，假如我不看简介，我以为讲的就是南方的一个小镇。

张大磊 对，我觉得这感觉可能是来自，我是希望这个片子有很静的感觉，因为我没怎么去过南方，我在想，就刚才您的那个描述，我觉得应该是一个很静的感觉，有一些声音会被听到，但那些声音不是嘈杂的声音，比如说有树叶的那个声音，或者是有一些船缆的声音，感觉时间会过得很慢，就是这样的感觉。

陆支羽 南方确实是这样的感觉，我童年的时候，家门口有一条河，河旁边有一棵特别大的树，每年夏天都可以在那儿抓知了，就像侯孝贤的《童年往事》中表现的那样，其实那棵树的意象会出现在很多电影里，会特别融入一些生命体验在里面。

张大磊 也许就是那棵树的感觉，比如《八月》里的那棵树，我的记忆里面，就总是会有树，可能真的生活中并没有，这就是一个感知上的东西，就没法解释。包括电影整个做下来，我现在都解释不清它讲述的到底是哪个年代。

陆支羽 其实每个人都是将自己的需要、自己的生命体验，带入到影片里面，看电影都是这样的。

张大磊 还有一种感觉，就是特别强烈的孤独感，之前在一个访谈中我也说过，就是一种孤独感，真的是……怎么说这种孤独感呢？我曾经解释，孩子的理解可能是没劲，没意思，太安静了，整个环境太空了，实在是不知道去做什么，只能是呆呆地坐在那儿，看着眼前的东西，没有选择。

看的是什么？看的就是时间，如果你有事情做，你是感知不到时间的，你只知道时间过去了，但是这个过去的过程当中是什么？咱们是不知道的。但是在小孩感受到孤独感和没劲时，他偏偏就能看到这些，时间就是这样过去的，是有人骑车从眼前经过……就是每一个特别细微的点滴，都是能看到的。

陆支羽 那个小演员当时是怎么选的？小孩子演戏，其实很讲究灵气，我觉得这个小主角选得特别好。

张大磊 小演员是在我拍样片的时候选的，当时在他之前已经面试过好多了，小学生或者朋友推荐的孩子都面试过，但是就一直没找到很合适的，因为现在的孩子接收的信息量都太大了，接触的东西可以说不是那么单纯了，相比较以前的孩子来说，知道得太多了。我就想，这可能是一个没法完成的事儿了，但是就是在拍样片之前，是我一个朋友，他也没当这事儿能成，就给我推荐了一个同事的小孩，打羽毛球的，我就去见了。

然后我一眼就觉得这个孩子可以，因为他打球的时候特别矫健，但是只要教练一喊停，其他的孩子都是聚到一起玩 iPad，或者在那个体育馆里面跑，唯独他就坐在那儿，我当时就说这孩子有意思。结果练完了之后，我给他父亲打电话，告诉他这孩子特别棒，我觉得包括他的形象也是跟我想象中的完全合拍的。

陆支羽 这孩子生活中也是这样一种状态？

张大磊 实际上他生活当中特别倔，我们做他的工作，他其实在读是四年级，我当时考虑小雷这个角色的时候，我是希望他年纪小一点儿，希望这个形象瘦弱一点儿。

陆支羽 你从他身上能看到自己的影子吗？

张大磊 对，有一些。而且我希望他能瘦弱一点儿，并且有他自己的想法，后来一聊他还真是这样，他就是有这个气质。

陆支羽 拍片的时候，对演员的把控上有问题吗？儿童演员其实一般很难去调度。

张大磊 我觉得他还行，就是整体上还可以，因为片子里面他呈现出的状态，其实就是他的生活常态，我们无非就是希望他跟所有演员都熟，也就是不会感到陌生。

陆支羽　住在剧组里，跟大家都变成一家人？

张大磊　对。首先就是让他和演员熟。孩子都有爱玩的天性，我们就当家长，他想玩但是又要工作的时候，怎么样来把这个事儿完成了，就是家长干的事儿，还不能让他生气。实际上在剧情当中，对于在拍戏上面要完成的东西，他很聪明，他能理解，这是远远在我意料之外的。

段　炼　张晨老师怎么选中的？因为我记得张晨老师好像原来是演话剧的。

张大磊　我和张晨是很多年的兄弟，他是我的老大哥，很多年前在呼和浩特我们一起做乐队，他是我们的前辈，他现在也还在做音乐。

陆支羽　关于电影的结尾，你能解释一下吗？就是从黑白转到彩色，带入你们拍摄的一些东西，很多人或许会以为是花絮，但是我想你可能有一些自己的想法在里面。

张大磊　关于结尾我觉得我要解释两个事儿。片尾的那句话，就是“此片献给我的父辈”，这句话是我在做后期时候的切身感受。其实片中我对那一辈的感觉没有那么强，完全是我的视角或者是孩子成长起来的一个视角。但是真正到拍的时候，包括拍的过程当中，好多父辈的人给过我帮助，包括我的父亲，我真的感觉这个片子里面是有太多太多的情感要抒发。包括片子里面的主角，我的中心篇叫作“父亲”，其实父亲一直是孩子的中心。我这才明白，我真的是要讲述我的父辈，他们是怎么样面对时代的一个变化，就这样完成了片子。

完成之后，加上字幕，我觉得表达的还不是很够，应该更明确一些，就加上了所谓的片尾昙花的开放，包括我的父辈是怎么样承受和面对时代的这种变化，他们对家庭的那种责任感，包括他们既要面对又要妥协自己，还要表现得从容，各种东西放在他们心里面，他们如何去应对，我觉得是要给他们一个收尾的，仅仅说小磊的父亲走了，这还不够，我觉得应该给他们点儿“颜色”，就加了这个结尾。

我自然认为它应该是彩色的，而且在片子里演导演的那老头，演摄影师的那胖子，那真的都是我的前辈，都是电影厂的前辈，我是要向他们致敬的。这实际上跟去年的那部《告别》有一点相似。

陆支羽 从迷影的角度可能你会有致敬的意味，我印象中阿巴斯的《樱桃的滋味》结尾也是这样，它是一个间离效果，最后要死亡，结尾却抽离回剧组现场。包括我喜欢的费里尼的《船续前行》的结尾也是这样，所以在我看来有种致敬的意味在里面。我觉得可以作为中国电影跟国外经典影片的一个很有趣的互文。

张大磊 这解读我得记录一下，我可以“偷”一下。但实际上作为我来讲，可能就是刚才我讲的，真的是这样。

陆支羽 你说的给他们点“颜色”还挺好的，我觉得你应该是更倾向于以感受力去拍电影的导演。

张大磊 对，感受力应该是有的，否则的话，我觉得有点儿在情感上对不住父辈，就像今天影院放映后有人在问，为什么会把父辈表现得那么懦弱？实际上就是这个问题，我觉得是一回事，他们并不懦弱，他们的那种情感基本上是呈现出来了……

陆支羽 这个片子有什么遗憾吗？

张大磊 遗憾挺多的。实际各方面条件的制约都有，肯定有资金的问题，也包括经验的问题，导致影片直接损失了很多东西，但反而也提升了我这个片子，因为剧本里面有好多旁支的细节，在影片最终完成的时候没有实现，其实它是好事，它使整个情节更单纯了，叙事性没有那么强了，其实以前故事中是有一定的线索，包括三哥这些人都是有一个结果的，但是关于这些细节没有完成。

陆支羽 我觉得这样反而更有意思，其实太完整的东西，它没有缺口，我觉得需要有一个出口，让这个片子更加有开放性。

张大磊 对，其实还有一个遗憾，我觉得我总是在谈影片之外的事儿。还有个遗憾是片中全景很少，其实那个空间我是希望有更多的展现。包括我们选择的环境，实际上它真实的生活环境就是那样，还保留着，特别好，但没办法做更多的呈现。

陆支羽 那为什么没有呢？

张大磊 因为院里全是车，可能有几十辆车。后来去协调的时候，人家给出的结果就是挪一辆车要给三百块钱，否则就不挪，就这个是特大的遗憾。

段　炼 提要求的是车主，还是物业？

张大磊 车主，那小区没有物业。然后就在我们拍摄完了之后，有很多类似的小区纷纷被拆了，实际上我对那个小区特别有感情，并不是说以前在那种环境中生活过，而是我真的觉得，包括我今天来到西宁，看到有好多那样的建筑还在，真的，你一看进去，就知道里面是有生活的，是有生命在里边的。

段　炼 对，新疆还有防空洞。

张大磊 就是感觉有生命在里面，没法解释，尤其是晚上，灯亮起来之后，身上会麻麻的，但这回没有特别完美地把这种感觉呈现出来。

陆支羽 这个片子之前有投过其他国外的影展吗？还是说FIRST（西宁 FIRST 青年电影展，下同。——编者注）就是第一个？

张大磊 对，FIRST 是第一个，真的是第一个。其实在报 FIRST 之前，我都有点儿失望，就是没有太大信心，真的是没有太大信心，因为资金断了，还有好多其他的问题。

陆支羽 我印象中，在《八月》里面有一段关于杀羊的戏，在万玛才旦《塔洛》里面也有杀羊的戏。

张大磊 刚才还有观众在问那个杀羊的情节，特别有意思，那个观众提问说，为什么会出现一个孩子在看杀羊，羊的肚子里装满了香料，我说那个实际上不是香料。

陆支羽 就像我们南方的小孩也特别爱看杀鱼、杀鸡，感觉特别有生活气息，小孩子好奇心强，会想去看这些动物的肚子里面有什么。

张大磊 而且我印象里面，每次看到杀羊或者杀猪，都是在特别空旷的地方。

陆支羽 大磊导演最后给我们推荐一下你最喜欢的十部电影吧！可以从你喜欢的导演入手。

张大磊 那就顺着时间捋吧。我觉得第一部应该是一个叫《我只流三次泪》的电影，导演叫琪琴高娃，20世纪80年代拍的，是方超和朱时茂演的，它是越战背景。《八月》里呈现的孤独感，那种空的感觉，是这部电影给我的。我是在六岁看的这部片子，讲的是一个孩子孤独地徒步去战区找他的父亲，中间走过了好多小城，他听到各种各样的音乐。比如《让世界充满爱》，就是他一个人走进一个礼堂，感觉特别孤独，然后看到一帮穿着白衣的姑娘在舞台上排练，这种感觉是令人难忘的。

再往后的话，应该是《燕尾蝶》。这是我在搞乐队的时候看的，那时我已经退学了，茫然中偶然看了这部片子，后来慢慢感觉到片中有好多之前自己没想过的东西，后来就开始看电影了。再往后就是《四百下》，可以说是确立了我对美学的一个视角，因为之前都看得很杂，大师的作品我都看，什么风格都看，直到看了《四百下》之后，我觉得我是要选择这样的一种东西，很简约，了解了一系列巴赞这个系统的东西。

之后是《压路机与小提琴》，还是回归到刚才我说的感觉上的东西，五光十色的那些场景。再往后，应该是考里斯马基的电影，他的所有电影，比如《波希米亚人生》

《没有过去的男人》，还有就是印象比较深的《十分钟，年华老去》那里面的短片《狗没有地狱》。

再往下说，就是李沧东导演的《薄荷糖》和《绿鱼》这两部。我能想到的差不多就是这些。

陆支羽 会有小津的电影吗？

张大磊 我对小津电影的喜爱全是片段性的，并不是完整的。我拍《八月》的时候，还有一个目的，就是希望能把好多我喜欢的片段拍成一个电影。在看《牯岭街少年杀人事件》的时候，有好多片段我是迷恋的，比如说小四和那个姑娘，他们到了靶场，远处有人在打靶，他俩就坐在那儿闲聊，那种感觉我很喜欢。包括《童年往事》里面有一个场景是学校还是屋子里面在放音乐，然后旁边是树，这个场景也很好。

小津电影里有好多的空镜，比如《东京暮色》里面，孩子们放学了，远处有轮船，有火车。但是这些仅仅是电影里的某个片段，我是特别希望一个电影里面基本都是这样的片段。所以小津的电影，对我是一个整体美学上的影响，但是你要说他某一部电影，只能说《父亲在世时》，这是我一直会向别人推荐的。

其他的，锡兰的作品我也喜欢，他的电影《小镇》，我曾经喜欢过。

陆支羽 《小镇》当年是跟《小武》一块儿参加柏林电影节的。贾樟柯当时也在柏林看到了《小镇》，他说不知道这个导演是谁，但是他从《小镇》中看到了他的汾阳。在你的片子里面有很多电影院的场景，是因为在大院生活的时候有很多迷影经历吗？

张大磊 对，我在《八月》中选择的在影院播放的片子，一部是陈佩斯的三部曲之一《爷俩开歌厅》，还有一部是夏钢的《遭遇激情》。我刚才有说，其实20世纪90年代的中国城市电影，整个那一批我都特别喜欢，有一部叫《与往事干杯》，还有《青春无悔》，就是周晓文那些导演拍的片子。一方面是我们童年经常看，那时候制片厂抓住一部片子就使劲放，从看不懂到没办法只能看，到可以唱它的主题歌，到背台词，这是一个经历体验方面的记忆过程。这些如果引申开的话，还是归集到我对20世纪八九十年代的那种迷恋。

陆支羽 你的第二个剧本已经写出来了吗？

张大磊 在《八月》之前写的，那个时候是想写关于感情的东西，少年情感的东西，但是现在我想把它做成一个关于时代的东西。

陆支羽 所以你下一部作品就是这个剧本吗？

张大磊 对，实际上里面的主人公还叫小雷，就是小雷成长到了下一个阶段，其实就是青春期。

陆支羽 《四百下》？

张大磊 我以前叫“四百零一下”，他有了独立思考的能力，不管成熟与否，终于能自己做选择了，那个时候，他有了自己的感情，有了自己独立的选择，而且1999年的时代背景，可以说是世纪之交，我觉得当时特浮躁，一切都特复杂，BB 机已经过时，开始玩大哥大了，这么大的那种，即使买了交不起话费，也还是要买，就已经到了那个时代了。

文化方面，包括各个方面的呈现，都已经到了一个特疯狂的时期，我是想写那个时代的东西，那是一个冬天的事儿。小雷遇到了他人生的另一个转折点，就是他高中没考上，上了补习班，但是补习班是一个很社会的环境，摇滚乐成了他的一种依靠，他从摇滚乐中看到了另一群人，这一群人又代表了社会上的另一种群体。

张大磊《八月》剧照

王家卫眼中的《东京物语》

——专访《喜丧》导演张涛

我与张涛导演（左）的合影

本篇采访于2016年第10届西宁FIRST青年电影展《喜丧》展映后

在第10届西宁FIRST青年电影展上，张涛导演的长片处女作《喜丧》引起极大反响，成功捧得最佳影片和最佳导演两项大奖，使影迷们对它的期待更加强烈。按王家卫的话说：60多年前，日本电影大师小津安二郎拍出了《东京物语》；60多年后，中国青年导演张涛拍出了《喜丧》。这个以大师譬喻的超高评价，无疑是对影片《喜丧》的莫大肯定。

陆支羽　我记得两年前好像《喜丧》有个短片版。我想问一下，这部电影从短片发展到长片的整个过程，用了多长时间？

张　涛　不到一年吧。因为当时是在校期间，尽管最初形成的是短片版，但剧本从一开始写的就是长片剧本，所以呈现起来并没有那么困难，因为它计划之初就是那个成品的概念。

陆支羽　这部影片跟你的亲身经历有关系吗？是源自你生活的一些真实故事延伸出来的作品吗？

张　涛　其实这部电影的表达，尤其是一种个人诉求的表达，主题上是特别明确的，类似的例子有很多，比如说像塔可夫斯基一生拍的是童年的孤独，或者家庭与乡土，比如伯格曼导演一生都在拍他和他的家庭，他和他的父亲，他所熟悉的生活，再从怀疑上帝到拷问上帝，最后上帝在动乱中消失，连神父都开始否认这个事，这和他的个人生活是完全紧密相关的。看伯格曼自传，他每部电影和他童年的依稀往事都有对应，甚至包括台词。

再说李安导演，他以"父亲三部曲"开山，也有很明显的个人印迹。我想在创作中是和个人的成长经历，家庭，身边发生的人和事，都有着密不可分的关系。从个人体验到最后自己的表达是有关系的。

陆支羽　关于喜丧，民间有一种说法，就是在老人生前不给他吃好的、喝好的，非要在他死了之后大肆铺排，但老人也享受不到了。我不知道在导演的生活中，有没有听过这样一种说法？

张　涛　有，这是很普遍的，我经常听到这种讲法，非常多。但是我们可以换个角度来思考，就是说我们可以从道德批判的角度来谈赡养老人、对待老人的态度问题，但是你如果从老人的角度来考虑呢，其实看我们的上一代，中年或者说接近老年的父母，再到我们的老一代，我们的爷爷或奶奶这一代，他们对于孩子们的期望是什么？其实他们对物质、对生活的要求很低，我觉得还是价值观的问题。是什么使我们生生不息在延续？我们不竭的生命力的源头是什么？是什么才有了我们的今天？我觉得这个是特别需要考虑的。或者说《喜丧》这个片子，我个人感觉不是简简单单的道德批判问题，而是一个爱的传承的问题。是从老太太的视点来看这个世界的。

陆支羽　我印象比较深的是，影片里面86岁的女主角林郭氏，她是摔倒了，然后得了笑病是吧。当时为什么会选择这样一个病症来作为影片的元素呢？

张　涛　笑病，就是脑血栓后遗症的一种，就是脑神经受到了损伤，大脑里的血管堵了，产生了回路现象，大脑无法正常地控制笑神经。脑血栓在老一代人当中是很容易得的一种病，尤其在农村地区，大多是由于长时间的操劳导致心脏出现问题，最后引起脑血栓。

陆支羽　我记得影片中有一场戏，在葬礼上表演艳舞，整个状态特别生猛，有点那种挑逗意味代入里面，这让我想到徐童导演，他好几部片子也是这种很浓烈的、很有地域特色的风格。你为什么安排这么一场戏呢?

张　涛　这个场景确实让人印象很深刻，它也是对生活现实的真实折返，阿巴斯他也喜欢这么来展现。真实的生活就是这样的，或者有过之而无不及。在现在红白喜事当中，这种风俗大家特别喜欢，用原始的或现代的各种艺术形式来包装这场红白喜事，尤其是在喜丧的过程中，在这种丧礼上进行这么嗨的一个现代舞的跳跃，这其中还有一个当地60多岁的老爷子，我觉得可以理解为，这是一种对于生命的欢歌。我并不是在看葬礼，而是把它看成是一种爱。时代演变到了今天，过去我们是看戏，我知道浙江有婺剧，很激昂的调子，我们当地有柳琴，有豫剧，有黄梅，还有京剧，他们都是用一种形式来表达这种意思。老百姓也特别喜欢这些，只要把持好其中的度。来源于生活的东西是有力量的，只是我们会在形式上进行铺开，会进行一些改变，让它变得更纯粹或者更有利于去展现。

陆支羽　我当时看整个影片的结构，是一个老人在各个子女家里面轮流换住。这个过程让我想到日本电影大师小津安二郎的《东京物语》。你拍的时候有参考过这部影片吗?

张　涛　我明白。我们不能否认小津，电影史上被小津影响的导演有很多。我们今天是承接着前人，我们站在巨人的肩膀上看电影，电影发展到今天，相对来说已经是比较完整的一个视听语言了。小津《东京物语》的结构非常清晰，它的态度是以二老进城去看多年不见的孩子，去看他们的生活。我觉得小津安排得像戏，特别像戏。那个老太太的去世，特别有戏剧性，就是太像戏了。我反而觉得并不是那么自然，我看过《东京物语》也看过《楢山节考》，还看过哈内克的《爱》，看过很多很多反映老年人生活的电影。而当电影用视听的手段表达出来的时候，其实是形式和内容是否准确的问题。

陆支羽 我们来谈谈摄影吧。这个片子牵扯到很多杂乱的场景，但我感觉摄影上把这些杂乱的东西都归置起来了，整体特别流畅，又很扎实很有力量。你可以谈谈本片的摄影吗？

张　涛 摄影用的就是现代的视听语言。其实影像运动这个问题，就是表达一种形式问题；如何用这种形式来表达内容，我们可以看到这个影像故意做得糙了一点，晃拍啊，跟拍啊，还有一些大段长镜头，我拍了很多，整体素材量是3小时45分钟，完成后的时间是108分钟。

陆支羽 这部影片从前期到后期一共花了多少钱？

张　涛 前前后后花了算是不到50万吧。

陆支羽 这个成本就能拍出这样的佳作，我本来以为还要更多。那整体的制作周期呢，大概多长时间？

张　涛 这个周期算是一年吧。拍摄时间两个月，准备时间比较长，因为要选择场景，题材又涉及死亡，在汝南地区，老百姓对这方面的抵触是有的。所以我们选择场景，选择里面涉及的房屋，涉及的演员，尤其你要用非职业的大叔大妈们来参演，他们对这个问题又是怎么看待的，片中涉及病了、老了，丧事之类，还有火化场，沟通起来的障碍很多，沟通成本很高，到现实中再去磨的时候，很费时费力，所以用的时间比较长。

陆支羽 你要选择非职业演员来参与你整个影片的拍摄过程，我觉得还挺难的。

张 涛 确实是这样，在我们拍摄期间，附近有六七位老人去世了，正值冬春之交，老人们的身体很脆弱。片中丧礼的场景就用到了当地的铁炮声，不是刻意为之，确实是生活中就会屡屡遇到的，铁炮就是追魂炮嘛，是丧事在山东地区的代号，一个符号的东西。所以说我们完全可以去拍正在发丧的一个队伍，尽管也有一定的障碍，但是可以沟通。我觉得所有的空镜也必须是有意义的，你不能就随便摆个空镜，一个大全景，我想还是要让我们的人物在其中，所以片中最后的葬礼都是我们演员去参演的，我们让演员穿起白色的丧服，排成队伍，我们所看到的都是演员扮演的，现场的时候会跟老百姓沟通，或者我们选择夜里的时间，凌晨1点以后，等他们发现的时候我们已经拍完了。老百姓确实对丧事很忌讳，演员也是比较忌讳这个事。

陆支羽 据说《喜丧》这部影片已经参加过一些电影节了，能讲一下目前都参与过哪些影展吗？

张 涛 主要是短片参加过第68届戛纳电影节，是一个非竞赛主题的单元，还有就是在学校的第十届中戏影展拿过最佳短片，还提名了第十八届上海国际电影节短片单元评委会奖，还有在香港全球华语大学生影视奖，短片拿了一个评委会奖。其实主要是短片出来参与竞选。

陆支羽　再问一个相对比较犀利的问题，我们很多影迷最近都在交流你的这部片子，有些人看了后觉得你这部电影特别学院派，你对这个有什么看法？

张　涛　关于对学院派的认识，因为我确实是学电影的，我觉得专业的好处就是会让你有大量的经典影片可以去观看，进行系统的学习，让自己的头脑中有一个电影体系的建立，包括影史、史论这些东西。而关于形式的问题，就是我们在表达的时候在形式上面的运用是否会有一些痕迹，让人发现你技术方法上的问题。

我觉得从作品本身来说，它呈现的东西，不是说简简单单的就是从学院、从专业角度出发的，这其实是对电影本体的一个认识问题。电影是什么？是从电影本史的角度、视听的角度出发来完成作品的问题。

但这并不是说，这个作品特别想还原生活的本质、面貌，然后就寻找一种恰当合适的方式来表达。其中涉及的很多问题我们可以看到，因为有了史论作为基础，在拍片或者在创作的时候，就会有针对性，会有意识地去完成电影美学。我觉得电影美学这个东西，不能简简单单地用学院派或者非学院派来形容。电影发展到现在，视听已经没有可能再进行革命了，我们都是在找合适的形式去表达。

当然学院的教育、专业的教育、大量电影史的学习，对于我们的创作还是非常有好处、有参考性的，可以让我们很快地、脑子非常清晰地在电影的坐标系上给自己定位、定个点，让自己少走弯路，使创作出的东西不会因为太个人化、太主观化，从而失去了本来的冷静和客观，这是我的一个看法。

陆支羽 我看你之前的采访，提到说以后会将《喜丧》做成三部曲或者姊妹篇是吧？

张　涛 是的，《喜丧》算是最后一节。其实整个作品是围绕着一个构思，围绕着老太太临过世的时候展开的，她是老年时去世的，之前还有她年轻、中年时代发生的一些事，然后从不同的角度来解剖这个群体。

陆支羽 《喜丧》关注了老年问题，在电影史上，老人和儿童是电影人物的两极，很多导演都会去表现这两个群体。我想问一下，你之后会关注儿童题材吗？

张　涛 会。在《喜丧》里埋了很多伏笔，很多的线。比如说小道的戏，他是一个14岁的少年，一个留守在家的孩子，我们今天司空见惯的留守少年的典型形象。会有关于他的一个构思和剧本来表达，这是下部的人生旅程。也有关于更年轻的孩子的故事，像片中有5岁的圆圆，他爸爸也算是一个打工仔，开长途汽车，在山西遭遇不幸出了一些事，这个故事也是我特别想表达的。

所以，为什么说《喜丧》是我对所有故事的总结呢？因为这里面伏笔了很多人物，很多出现在其中的，都是家庭中的一分子，从5岁的圆圆到85岁的林郭氏到14岁的小道，再到60岁的二儿媳妇，都是我所要关注的点、所要去表达的对象。所以关于儿童，在以后的电影中，我是会写两部剧本去表达，一个是圆圆，一个是小道，他们可以算是童年和少年时期的故事。

陆支羽 所以《喜丧》作为一个总结性的主题呈现，你选择在一开始就拿出来，是提前把释然的感受放在那里了。

张　涛 对，它是表达一种爱，家庭中始终挥之不去的一种东西，包括最后小道拾起黑白照片的场景，是因为电影开始之初就可以看到林郭氏洗脸刷牙的同时也会擦照片镜框，她非常珍视这张老照片，这是她年轻时候和孩子们一起拍的一个全家福。

小道从一个迷失的、犯了错误的、偷窃人家自行车的孩子，到他出去找妈妈，去上海，他最后做的事就是回到老家那个老屋子，拿起老太太曾经关注过的那张黑白老照片的全家福。我觉得这里设计的意图很明显、很明确，就是说让这个14岁的少年重新拾起传统的、家庭的价值观，影片就表达了这种价值观。

张涛《喜丧》剧照

灵异事件与恐怖冒险

——专访《中邪》导演马凯

我与马凯导演（右）的合影

本篇采访于2016年第10届西宁FIRST青年电影展《中邪》展映后

在2016年第10届西宁FIRST青年电影展颁奖典礼上，马凯导演的恐怖长片《中邪》荣获最佳艺术探索奖。与此同时，这部影片还荣获了豆瓣影评人选择奖。2017年，马凯又带着重制版的《中邪》去戛纳做了一场展映。在很多人心目中，他是国产恐怖片导演中的新希望。

陆支羽　马凯导演你好，是什么样的经历或想法促使你拍摄这样一部恐怖片呢？是否跟以前的成长有关系？

马　凯　确实有。首先肯定是我个人特别喜欢这种类型片嘛，然后再就是没钱，没钱的话拍伪纪录片是最合适的，因为它有一个标准，伪纪录片就不需要再去做一些道具，各个方面就不会大费周章。其实我没有上过大学，没学过电影这方面的知识，所有的都只是自己对于影像的一种……看电影看出来的一种感觉，我也不知道到底对还是不对，只是觉得应该往这个方向去拍。

像文艺片的话，实话说因为我的文学功底特别弱，看的小说也很少，所以很多文艺片我其实是看不懂的，类型片的风格会更贴近自己一些。

陆支羽　在横店做演员的这段生活，对你的创作有什么样的影响？后来为什么又决定拍电影了呢？

马　凯　在横店做演员，就是当小特约、小群众、龙套。我喜欢待在横店是因为它的资源比较便宜，它不像北京消费那么高，如果说我要在北京筹拍一部戏，演员、设备、场地所需的资金是很大的，如果是在横店，首先有很多演员，虽然他们90%都不是职业学院出来的，都是半路出家，但是我觉得他们身上有一种学院派里没有的质感。学院派每天都练台词，出来以后身上有一种气质是很难磨灭的。但是横店那帮演员身上有生活的东西，特别接地气。拍《中邪》时我就果断选了他们当主角，其实因为我做过演员、副导演、助理，我要找一些职业演员也能找来，但是我觉得拍这种纪实性的片子，他们身上所散发出来的东西可能更贴切一些。

陆支羽 你有看过尔冬升导演的《我是路人甲》吗？

马　凯 我看过，不喜欢。那是尔导想象中的横店，不是真正的横店。

陆支羽 后来是一个什么样的刺激让你决定暂时不做演员，而是要去拍一部电影，而且是恐怖片？

马　凯 这个刺激时间挺长的，是四年前，四年前我觉得在这行干了快六年的时间了，前两年一直是做演员，就是当小龙套，做跟组演员。那时候我就觉得他们拍的东西好像很傻，你知道尤其是电视剧，就是推拉摇移升降那些镜头都给一遍，就 OK 了，就没有什么技术含量，我觉得这好像是普通人都能做的东西。那时候我觉得我也可以，但不是很坚定，是想往编导这方向稍微去发展一下，也没有说我很坚定地要去做了。

那个时候我是一边跟组，一边用业余的时间强迫自己去看一些文艺片，之前我全是看类型片、商业片，比较刺激人的那些，但是四年前我开始强迫自己去看文艺片。为什么要用“强迫”这个词，因为对于那个时候的我来说，很难接受文艺片那种拍摄方式，但是文艺片获了很多国际大奖，我相信肯定是其中有好的东西，我那时候不明白，就强迫自己看。我一开始看的是黑泽明，一天强迫自己看两部黑泽明的作品，逼着自己看完，就觉得当天的功课完成了。

陆支羽　感觉是为了学习而不是为了感受电影的魅力。

马　凯　对对对，就是强迫自己，你必须要完成给自己规定的指标，然后我在网上搜了很多国外的电影剧本，每天也规定要看几个小时电影剧本，那个时候只要我没事，不拍戏的时候，每天几乎都是那么度过的。

看文艺片受到的影响，不是立竿见影的，它是潜移默化的影响。在过了两三年以后，那种影响就会呈现出来了。你会慢慢适应这种文艺片，会觉得有些商业片你就没法看下去了。那段日子就是这么过来的。

陆支羽　在我印象中，《中邪》的前半部分让我想到徐童导演的《算命》，后面才慢慢转变为恐怖风格。它有一个代入的过程，我比较好奇，为什么采用这种方式，而不是一下子就让人看出它是个恐怖片？

马　凯　有很多很棒的恐怖片，其实在一开始就定型了，你已经知道这个电影是要讲一个什么样的故事，而我这个在前30分钟你几乎不知道是要讲什么，这好像就是一个讲算命的，我也是想有点尝试吧，不想让大家一开始就知道它到底要发展到什么样的一个状态，所以前面会比较长一点，到出片名的时候都30多分钟了，我希望给大家一种意想不到的，不会想到会发展到恐怖这个类型上去的感觉。

陆支羽　我感觉你很摸得透类型片的效果。你平时看恐怖片会倾向哪个国家的，比如欧美恐怖片，国产恐怖片，还有泰国的、日本的，你会比较喜欢哪个国家的？

马　凯　这几个国家的我其实都看过，因为我是恐怖迷嘛。日本的清水崇的作品我看得挺多的。我不太喜欢那种，其实他节奏还是比较缓慢，比较阴沉，拍得很棒，我不喜欢和拍得不好是两码事，是个人口味问题，他拍得真的是水准很高的。但我不喜欢日本片的那种感觉。

我觉得泰国恐怖片还是处在一种一惊一乍的阶段，当然也有拍得比较好的，但是大部分还是单纯为了吓人而去设计一些东西，而不是将故事推到那个层面去了。

相对来说我还是喜欢欧美的。欧美的那种恐怖片，它大部分都是以现实作为一个基调，就是你生活中的那种感觉。就像温子仁，他拍摄的一些恐怖片我是特别喜欢的。

陆支羽　我平时不太敢看恐怖片，但也看了不少恐怖经典，比如《灵异第六感》里面有个设定我特别喜欢，里面说当你感觉冷的时候身上的汗毛会竖起来，其实这是鬼在触摸你，只是你看不到，这样的设定我特别喜欢。然后包括泰国电影里有一部叫《鬼影》，他说你脖子酸的时候其实是有鬼骑在你身上。

马　凯　那个超牛我跟你说，《鬼影》那个桥段超牛，真的我也特喜欢那个，我特别喜欢这样的设定。就那结果出来的时候真是……这种才是会让你发毛的东西。

陆支羽　对，就是平时会体验到的一种生活状态。

马　凯　它不是靠单纯的化妆或者是音效去渲染。

陆支羽　影片《中邪》的成本很低，在资金不充足的情况下你是通过什么手段来制造电影的恐怖效果的呢？

马　凯　成本确实很低，我们的投资人，我管他叫老大，我们的预算其实就四五万元。

陆支羽　这就是一个小成本啊。

马　凯　我们其实就想拍给新媒体，投网络那种。然后我们男一号把腰给摔断了，然后又花了2万多元治疗费。我们原先的场地设在村里，比较荒凉的一个场地，后来又加了山庄。其实在拍的时候，我搜集了很多资料，尤其是一些网上拍鬼的视频，就说我拍到鬼了，就是自己录的那种。日本有类综艺节目，他们就经常拍那种鬼的视频，我是看了很多那种东西，看他们是怎么去渲染一些气氛，我研究了很长时间。很多伪纪录的恐怖片我也研究了很多。

陆支羽　为什么电影一直都没有配乐，始终只使用环境的声音呢？

马　凯　我觉得伪纪录片给它规定的那种基调，其实就是以现实作为基础，你既然拍一个纪录片，尤其是这种纪录片，它不可能出现那种恐怖的东西，那音乐从哪里来呢？你拍着拍着怎么会有东西进来呢？那就可能和这个，我规定的这个情景就偏了，所以就不可能加进去嘛。我们制片人，他说你拍恐怖片为什么不加配乐，你应该加些音乐。我说不能加，加了就搞砸了。因为他没接触过电影，他不能理解的，还劝了我好几次，我说不加，加就废了。

陆支羽　　拍摄过程中这个片子最大的障碍是什么？

马　凯　　就是噪音，有很多场景其实没有办法去重拍几条，因为你看着可能是比较荒的一个地方，但是旁边那个马路上车是不断的，因为我们那些场景都是围绕在马路附近拍摄的，所以很多时候只能拍一条，只能赶在那个时间段正好没有车辆经过，然后就拍那么一条，可能那一条也不是特别满意，但是你没的选。

陆支羽　　影片在西宁公映后，大家都说你们在拍摄过程中遇到了一些灵异事件，有这个说法吗？

马　凯　　说是凑巧也算不上，但是就是拍摄过程特别坎坷，遇到的麻烦事特别多。比如说我们的制片人，他和灯光师拿着本子去聊的时候，把一个人给撞了。还有一个，片子拍了四天，前四天的素材都不能用，因为声音问题，就是嘈杂得你根本没法听，这四天拍的素材全都不能用，然后又得重拍。

还有就是我们拍算命戏的时候，当时找了一个演员，来现场的路上他说有点肚子疼，疼得不行了，要去趟医院然后就去了，我们就整个剧组都在拍摄场地等他，然后他从医院打电话说他得胆结石了，就来不了了。另外我们剧组所有人都感冒了一次，挺难受。再就是最后，我们男一号把腰给摔断了。

陆支羽　　作为非科班出身的一位导演，你平时会有一些不自信的时候吗？

马　凯　　有。有时候特别自信，有时候也非常不自信。就比如这个片子拍完以后，你不知道他是对的还是错的，因为没有人告诉你，我周围那些朋友，大家都是没接触过这些东西的，也没有办法向他们去咨询。只有我和一个姐姐，就是我们剧组的场记，我们两个特别喜欢看电影，我就和她交流电影比较多。然后，只能是依靠自己看电影的一种感觉，认为这么拍是对的。

陆支羽 当时《中邪》剧组是怎么样成立的？你如何找到这样一群人，来拍摄一个小成本的恐怖片？

马　凯 我做过副导演助理，所以接触过很多演员，我当时就是和我们老大在山东谈好要拍这个之后，就回到横店，开始写剧本，写了十多天就把初稿写出来了，然后就开始找人。因为我之前积累了一些人脉。当时找了挺多的人，然后就是让他们去试戏，我去找感觉看看对不对，团队也很简单，我们整个团队十一个人，六个主要演员，剩下的就是我、场记、摄影师。

陆支羽 对于非职业演员，如何指导他们来入戏、来进入到这个恐怖片的状态里面呢？

马　凯 我们在前期，在没有开拍的时候，戏里面的每场戏大部分我都会让大家去排练。因为大家都不是职业演员，也没有演过很多的戏，我要告诉他们，我需要的那种质感，你怎么表演出来那种东西，不要像电视剧里面一板一眼那种东西。我印象很深的，就是大庆抱着他姐哭的那场戏，那场戏是试得最多的，试了有一个星期吧。

你想你没有见过亲人这种死法，所以你应该是什么样的一种状态，这就很难反映了吧，就需要你去想象了嘛。大庆他就试了好几个版本，每天其实都会试，试出来的效果就觉得很电视剧化，太电视剧化了就没感觉。后来我说，你去网上看一些事故现场的录像，看看别人怎么哭的，然后去找那种感觉。这个哭戏就很有意思了，好像很随意，其实我们在后边做了很多功课的。

陆支羽 影片里面的驱邪仪式，有参考过其他经典影片里面的一些段落吗？

马　凯 驱邪仪式是真的。我没有很刻意地去借鉴，但肯定是受过他们的影响，这是肯定的，我没有很刻意地去看他们是怎么拍摄的，但是肯定是受了那些前辈的影响，不过我想不起来了。

陆支羽 罗泓轸的《哭声》你看过吗？谈一下感受吧。

马　凯 太牛了，就太牛了。你看他驱魔的那种张力，我相信罗导他肯定是根据他们民俗里驱魔的仪式来拍的，肯定都是真的，他们驱魔的时候就是那个样子，以我对罗导的认知来说是这样的。如果换我拍我也会那么拍，但我不敢和他相提并论。韩国驱魔仪式的那种张力，表现得很到位。

陆支羽 你这几天在西宁的感受如何，特别是面对各种赞美或批评的声音？

马　凯 我的心态首先肯定是受宠若惊，就是觉得，哇，太抬举我了，特别抬举我，我整个人也是飘着嘛。然后也看了很多评价，就是比较靠谱的一些影评，觉得他们说的特别对，其实在剧作的创作上，我功力是不够的，因为说实话不知道怎么在剧作上做一些创作，因为没学过，只是凭着自己的感觉去弄，但是评论说到了一些点上，我觉得对我有很大的一个启发。

陆支羽　国内市场上有很多恐怖片，大家普遍评价都很差，你个人平时会看这些吗？

马　凯　说实话我看的特别少，也是因为比较了解吧，只会去选择性地接触一些。我觉得我很不明白，他们为什么不功课做得多一点，多看一些恐怖片，抄也不至于抄得那么烂嘛。

陆支羽　你以后会一直拍恐怖片，还是会有其他类型的尝试？

马　凯　接下来的两部，我之前写好剧本了，好几年前就开始写了，这两部都是关于恐怖题材的，其中一个是比较商业化一点的，就是纯娱乐性的恐怖，另一个就是侧重去探讨人性，是五个故事组成的一个剧本。

陆支羽　这些故事都是你原创的，还是有一些借鉴？

马　凯　看新闻，听别人讲笑话，反正就是掺杂在一起的，根据那些东西去改编的。

陆支羽　你后续的这两部影片都找到投资资金了吗？

马　凯　有好几个公司有投资意向，但是现在还正在深谈。他们其实挺想做的，因为毕竟也是可能比较娱乐化一点的，他们更想接触。

陆支羽　他们会尊重你的想法，比如在对恐怖片的一些理念上，比如要用哪个明星之类的，你会因为这些方面有所妥协吗？

马　凯　不会，我一点都不会妥协，要么就不拍嘛，我宁愿不拍，这就是我。我控制欲可能比较强，就是说整个影片必须是我来负责，我们可以一起聊，我特别喜欢大家一起聊，但是结果是我来定，你聊、你给建议没问题，我特别喜欢听，我们在拍的时候就是大家一起来聊。

陆支羽　创作的掌控权永远在导演手上是吧？

马　凯　对，演员我也必须要自己定，我还用上一拨演员，这是我在跟他们谈的一个基础。因为真的经过拍摄那些事以后，你不可能再撇下他们说你单独去飞了，那是不可能的，我做不到，我要选择必须还是他们，还是他们来演，你看重的就只是我对于恐怖片这种类型片的一些理解，但是其他的你不能去干涉，你要是去干涉的话，那就不用再继续往下聊了。

马凯《中邪》剧照

私人推荐片单

My Personal Recommendation List

我最爱的
50场爱情

排名不分先后

《情迷意乱》(1964) 导演：成濑巳喜男

《葛楚》(1964) 导演：卡尔·西奥多·德莱叶

《魂断威尼斯》(1971) 导演：卢奇诺·维斯康蒂

《犹在镜中》(1961) 导演：英格玛·伯格曼

《白夜》(1957) 导演：卢奇诺·维斯康蒂

《火腿，火腿》(1992) 导演：比格斯·鲁纳

《国王与王后》(2004) 导演：阿诺·德斯普里寝

《子宫》(2011) 导演：本尼德克·菲利格夫

《爱情短片》(1988) 导演：克日什托夫·基耶斯洛夫斯基

《文科恋曲》(2012) 导演：乔什·拉德诺

《爱》(2012) 导演：迈克尔·哈内克

《好色一代男》(1961) 导演：增村保造

《安娜的情欲》(1969) 导演：英格玛·伯格曼

《我的魔鬼》(1999) 导演：沃纳·赫尔佐格

《春光乍泄》(1997) 导演：王家卫

《懂得又如何》(2009) 导演：洪尚秀

《豹》(1963) 导演：卢奇诺·维斯康蒂

《早春》(1970) 导演：耶日·斯科利莫夫斯基

《欢愉》(1952) 导演：马克斯·奥菲尔斯

《琴声如诉》(1960) 导演：彼得·布鲁克

《日出》(1927) 导演：F.W.茂瑙

《梦男孩》(2008) 导演：James Bolton

《大西洋城》(1980) 导演：路易·马勒

《天使的对话》(1985) 导演：德里克·贾曼

《情人们》(1958) 导演：路易·马勒

《27个遗失的吻》(2001) 导演：娜娜·裘杨兹

《父子森情》(2009) 导演：Piotr Dumala

《秋天里的春光》(2001) 导演：伏拉基米尔·米切尔

《小情人》(2003) 导演：颂裕·素玛戈南、尼提瓦·塔拉吞等

《热带疾病》(2004) 导演：阿彼察邦·韦拉斯哈古

《秋天的故事》(1998) 导演：埃里克·侯麦

《夏天的故事》(1996) 导演：埃里克·侯麦

《情非得已之生存之道》(2007) 导演：钮承泽

《浮云》(1955) 导演：成濑巳喜男

《塞拉芬娜》（2008） 导演：马丁 · 波渥斯

《爱在日落黄昏时》（2004） 导演：理查德 · 林克莱特

《绿光》（1986） 导演：埃里克 · 侯麦

《假面》（1966） 导演：英格玛 · 伯格曼

《塞瑟岛之旅》（1984） 导演：西奥 · 安哲罗普洛斯

《蚀》（1962） 导演：米开朗基罗 · 安东尼奥尼

《苦月亮》（1992） 导演：罗曼 · 波兰斯基

《狐及其友》（1975） 导演：赖纳 · 维尔纳 · 法斯宾德

《夜》（1961） 导演：米开朗基罗 · 安东尼奥尼

《奇遇》（1960） 导演：米开朗基罗 · 安东尼奥尼

《对她说》（2002） 导演：佩德罗 · 阿莫多瓦

《沙之下》（2000） 导演：弗朗索瓦 · 欧容

《干柴烈火》（2000） 导演：弗朗索瓦 · 欧容

《霸王别姬》（1993） 导演：陈凯歌

《两生花》（1991） 导演：克日什托夫 · 基耶斯洛夫斯基

《卡比利亚之夜》（1957） 导演：费德里科 · 费里尼

我最爱的36种死亡

排名不分先后

小丑之死 《大路》(1954) 导演:费德里科·费里尼

鲸鱼之死 《鲸鱼马戏团》(2000) 导演:贝拉·塔尔

死神对弈 《第七封印》(1957) 导演:英格玛·伯格曼

中世纪之死 《夜的第三章》(1972) 导演:安德烈·祖拉斯基

动物园法则 《一个Z和两个O》(1986) 导演:彼得·格林纳威

孤独末日 《孤独人类之声》(1987) 导演:亚历山大·索科洛夫

宁静致远 《东京物语》(1953) 导演:小津安二郎

诸神渴了 《诸神的欲望》(1968) 导演:今村昌平

风烛往事 《野草莓》(1957) 导演:英格玛·伯格曼

族群之死 《被遗忘的祖先的阴影》(1966) 导演:谢尔盖·帕拉杰诺夫

进入泥土《仪式》(1971) 导演：大岛渚

魔幻远足《旅行》(1992) 导演：费尔南多·索拉纳斯

死神镰刀《幽灵马车》(1921) 导演：维克多·斯约斯特洛姆

亦步亦趋《步履不停》(2008) 导演：是枝裕和

荒原永生《灰烬与钻石》(1958) 导演：安杰依·瓦伊达

殚精竭虑《牺牲》(1986) 导演：安德烈·塔可夫斯基

蛮荒之死《楢山节考》(1983) 导演：今村昌平

田园灵幡《死者田园祭》(1974) 导演：寺山修司

梦想的意志《陆上行舟》(1982) 导演：沃纳·赫尔佐格

河川葬烟《小早川家之秋》(1961) 导演：小津安二郎

吟游至死《吟游诗人》(1988) 导演：谢尔盖·帕拉杰诺夫

终于醒了《面对面》(1976) 导演：英格玛·伯格曼

舌尖上的死亡《樱桃的滋味》(1997) 导演：阿巴斯·基阿鲁斯达米

献给大海《旅程挽歌》(2001) 导演：亚历山大·索科洛夫

老人无未来《征服者佩尔》(1987) 导演：比利·奥古斯特

让我飞翔《养蜂人》(1987) 导演：西奥·安哲罗普洛斯

生活在继续《生生长流》(1991) 导演：阿巴斯·基阿鲁斯达米

鬼魂不哭《回归》(2006) 导演：佩德罗·阿莫多瓦

死得自然《醉画仙》(2002) 导演：林权泽

马戏团之死《小丑》(1970) 导演：费德里科·费里尼

最后时光《当风吹起的时候》(1986) 导演：吉米·村上

弃火青春《不一样的天空》(1993) 导演：拉斯·霍尔斯道姆

绞刑讨论《杀人短片》(1988) 导演：克日什托夫·基耶斯洛夫斯基

死在路上《史崔特先生的故事》(1999) 导演：大卫·林奇

河川白鹤《孤苦盲女阿玲》(1977) 导演：筱田正浩

无人区等死《无主之地》(2001) 导演：丹尼斯·塔诺维奇

我最爱的
60种超现实

排名不分先后

《搬家》(1993) 导演：相米慎二

《啄木鸟和雨》(2012) 导演：冲田修一

《听说桐岛要退部》(2012) 导演：吉田大八

《登堂入室》(2012) 导演：弗兰索瓦·欧容

《苦役列车》(2012) 导演：山下敦弘

《大疯民》(2007) 导演：拉亚·马丁

《两个人》(1991) 导演：大林宣彦

《二楼传来的歌声》(2000) 导演：罗伊·安德森

《失落的王子》(2003) 导演：斯蒂芬·波利亚科夫

《肝脏大夫》(1998) 导演：今村昌平

《科学睡眠》(2006) 导演：米歇尔·贡德里

《蜘蛛的策略》(1971) 导演：贝纳尔多·贝托鲁奇

《天意》(1977) 导演：阿伦·雷乃

《衣柜迷藏》(2009) 导演：Jamie Travis

《心灵烙码》(2006) 导演：盖伊·马丁

《巨蟒与圣杯》(1975) 导演：特瑞·吉列姆、特瑞·琼斯

《偶然与巧合》(1998) 导演：克劳德·勒鲁什

《一千零一夜》(1969) 导演：山本映一、手冢治虫

《你还记得多莉·贝尔吗》(1981) 导演：埃米尔·库斯图里卡

《为年轻刽子手的辩护》(1969) 导演：帕维尔·祖拉契克

《秋天的花园》(2006) 导演：奥塔·埃索里亚尼

《四月》(1961) 导演：奥塔·埃索里亚尼

《花蕊纹身》(1976) 导演：小沼胜

《明日天涯》(2004) 导演：余力为

《火宅之人》(1986) 导演：深作欣二

《地下》(1995) 导演：埃米尔·库斯图里卡

《饲养乌鸦》(1976) 导演：卡洛斯·绍拉

《我的无形符号》(2010) 导演：玛丽莲·阿格雷诺

《苹果》(1998) 导演：莎米拉·玛克玛尔巴夫

《蝾螈》(1972) 导演：阿兰·泰纳

《原始星球》(1973) 导演：阿内·拉鲁

《狗脸的岁月》(1985) 导演：拉斯·霍尔斯道姆

《光纤电人》(1994) 导演：扬·斯维拉克

《砂制时镜下的疗养院》(1973) 导演：沃伊齐希·哈斯

《阿宝》(1986)导演：亚历斯·冯·华麦丹

《给我一个爸》(1996)导演：扬·斯维拉克

《黑月亮》(1975)导演：路易·马勒

《扎齐坐地铁》(1960)导演：路易·马勒

《我为什么命该如此》(1984) 导演：佩德罗·阿莫多瓦

《被盗的飞船》(1967) 导演：卡尔·泽曼

《我的舅舅》(1958) 导演：雅克·塔蒂

《塞门和黛利拉》(2009) 导演：Warwick Thomton

《卡依哈》(1997) 导演：达赫让·奥米巴夫

《兽爪》(2006) 导演：汤浅政明

《自己去看》(1985) 导演：Elem Klimov

《自由的幻影》(1974) 导演：路易斯·布努埃尔

《周末》(1967) 导演：让–吕克·戈达尔

《霍乱时期的爱情》(2007) 导演：迈克·内威尔

《夏威夷男孩》(2009) 导演：真田敦

《于是我将奔向世界尽头》(1979) 导演：Peter Solan

《雨月物语》(1953) 导演：沟口健二

《朦胧的欲望》(1977) 导演：路易斯·布努埃尔

《甘达星人》(1986) 导演：阿内·拉鲁

《超市夜未眠》(2004) 导演：西恩·埃利斯

《墙中秘事》(1965) 导演：若松孝二

《他人之颜》(1966) 导演：敕使河原宏

《猫汤》(2001) 导演：佐藤竜雄

《上海异人娼馆》(1981) 导演：寺山修司

《诗人之血》(1932) 导演：让·谷克多

《爱丽丝》(1988) 导演：杨·史云梅耶

《八月狂想曲》(1991) 导演：黑泽明

《资产阶级的审慎魅力》(1972) 导演：路易斯·布努埃尔

《疯狂约会美丽都》(2003) 导演：西维亚·乔迈

图书在版编目（CIP）数据

小丑，马戏团的眼泪 / 陆支羽著. —南京：江苏凤凰文艺出版社，2017.9

ISBN 978-7-5594-0898-3

Ⅰ. ①小… Ⅱ. ①陆… Ⅲ. ①电影导演 – 人物研究 – 世界②电影评论 – 世界 Ⅳ. ①K815.78②J905.1

中国版本图书馆CIP数据核字（2017）第175001号

书　　名	小丑，马戏团的眼泪
著　　者	陆支羽
责任编辑	孙金荣
策划编辑	王　琳
文字校对	郭慧红
书籍设计	刘　伟
内封图片	女　巫
出版发行	江苏凤凰文艺出版社
出版社地址	南京市中央路165号，邮编：210009
出版社网址	http://www.jswenyi.com
印　　刷	北京市雅迪彩色印刷有限公司
开　　本	700毫米 × 1000毫米　1/16
印　　张	18
字　　数	220千字
版　　次	2017年9月第1版　2017年9月第1次印刷
标准书号	ISBN 978-7-5594-0898-3
定　　价	45.00元

FONGHONG
凤凰联动出品